Dieses Taschenbuch enthält in italienisch-deutschem Paralleldruck fünfzehn Prosa-Miniaturen: fünfzehn liebevoll spöttisch gezeichnete Sittenbilder aus dem modernen Italien.

Die Gegenstände und Situationen, die Probleme und Problemchen sind den unseren recht ähnlich. Dort wie hier gibt es sagenhaft günstige Versandhaus-Sonderangebote, gibt es das gemeinsame familiäre Telefon (neuerdings mit Zeittakt auch für Ortsgespräche), gibt es Ferienwohnungen, Hunde, Autos und Kinder als Statussymbole. Aber die aktuell-internationalen Themen und die mit Spaß ausgekosteten modernistischen Wörter sind im geliebten Parlando vorgetragen – das ist schließlich die Hauptsache.

Die ebenso klugen wie heiteren Feuilletons von Luca Goldoni (geb. 1928) erscheinen zunächst immer in der Zeitung, danach aber auch immer bündelweise in Buchform. Viele seiner Leser zählen Luca Goldoni längst zu den großen menschenfreundlichen Satirikern unserer Zeit.

dtv zweisprachig · Edition Langewiesche-Brandt

Luca Goldoni

Non ho parole. Schizzi di vita italiana

Ich bin sprachlos. Italienische Alltagsskizzen

Übersetzung von
Giuseppina Lorenz-Perfetti und Heliane Schmidt

dtv

Deutscher Taschenbuch Verlag

Deutscher Taschenbuch Verlag GmbH & Co. KG, München
Originalausgabe 1985. 6.–9. Tausend Januar 1986

Umschlaggestaltung: Celestino Piatti
Gesamtherstellung: Kösel, Kempten
ISBN 3-423-09214-9. Printed in Germany

Il telefono

Il mio dito indice ed il medio della mano destra sono diventati grossi, ipertrofici: al medico incuriosito ho spiegato che passo la giornata ad agitarli a mo' di forbice per far intendere a mio figlio di tagliare col telefono e ogni tanto faccio la forbice anche a mia moglie. Il telefono, continuo a ripetere, è uno strumento di lavoro. Me ne impadronisco io che tiro la baracca, ma poi succede che mi fanno la forbice loro, e sostengono che stare mezz'ora a parlare di giornali, chi li compra, chi li vende, chi li va a dirigere, chi ha scritto quell'articolo del cavolo, equivale allo scambio di idee sulla marca di battitappeto o sul fatto che Lotta Continua si è dissociata o non si è dissociata dal corteo.

La prima semirivoluzione telefonica sono state le fasce orarie interurbane: siccome dopo le nove e mezzo di sera si paga la metà, non si riesce più a vedere un giallo alla televisione. Adesso c'è la rivoluzione totale: colloqui urbani a monosillabi o bollette da pagare con il mutuo.

Ho poche simpatie per la SIP che ogni trimestre ci decreta centinaia di scatti e bisogna crederle, e io non le credo perché da anni ho constatato che se c'è un errore tecnico è sempre a nostro danno.

Per la proposta introduzione degli scatti urbani invece plaudo alla SIP. A patto che ci siano almeno i primi trenta secondi gratis: in trenta secondi si può riassumere la *Divina Commedia*. Parlare di meno, almeno per telefono, mi sembra la prima seria riforma del costume italiano.

Spesso parla chi non ha nient'altro da fare, in questo caso è meglio che pensi, o che legga, o che impari dalle parole crociate qual è la capitale dell'Afghanistan. Chi vuol sproloquiare, paghi. Propongo alla SIP di ribassare le tariffe interurbane, perché già adesso i gettoni partono come il

Zeige- und Mittelfinger meiner rechten Hand sind übermäßig groß geworden. Dem erstaunten Arzt habe ich erklärt, daß ich sie den lieben langen Tag wie eine Schere bewege, um meinem Sohn anzudeuten, daß er mit dem Telefonieren Schluß machen soll; ab und zu mache ich diese Bewegung auch bei meiner Frau. Das Telefon, sage ich immer, ist ein Arbeitsgerät. Ich, der ich den Laden hier in Betrieb halte, habe Anspruch darauf; aber dann passiert es, daß sie mir die Scherenbewegung vormachen, sie sagen, daß eine halbe Stunde über Zeitungen zu sprechen, darüber, wer sie kauft, wer sie vertreibt, wer der Chef ist, wer jenen blöden Artikel geschrieben hat, das gleiche sei wie der Meinungsaustausch über die Marke des Teppichklopfers oder darüber, ob sich die Linksextremen vom Demonstrationszug getrennt oder nicht getrennt haben.

Die erste Stufe der telefonalen Revolution kam mit den verschiedenen Gebühren für Ferngespräche je nach Tageszeit; da man abends nach halb zehn die Hälfte bezahlt, konnte man keinen Krimi im Fernsehen mehr anschauen. Jetzt ist die Revolution vollständig: Kurzgefaßte Stadtgespräche – oder Rechnungen, die nur mit Hilfe eines Darlehens zu begleichen sind.

Ich mag das Fernmeldeamt nicht besonders; es berechnet vierteljährlich hunderte von Einheiten; man muß es glauben. Ich glaube es nicht, weil ich seit Jahren festgestellt habe, daß ein technischer Fehler immer zu unseren Lasten geht.

Für den Vorschlag, den Zeittakt in der Stadt einzuführen, stimme ich dem Amt freudig zu. Unter der Bedingung, daß wenigstens die ersten dreißig Sekunden gebührenfrei sind: in dreißig Sekunden kann man die Göttliche Komödie zusammenfassen. Weniger sprechen, wenigstens am Telefon – das schiene mir die erste ernsthafte Reform der italienischen Sitten zu sein. Oft redet jemand bloß, weil er sonst nichts zu tun hat; in so einem Fall wäre es besser zu denken, zu lesen oder durch Lösen von Kreuzworträtseln zu lernen, wie die Hauptstadt von Afghanistan heißt. Wer schwatzen will, soll zahlen. Ich schlage dem Amt vor, die Tarife für Ferngespräche zu senken, weil schon jetzt die Telefonmünzen wie die Patronen eines

caricatore di un mitra (e fra questo grandinare non si capisce nemmeno quello che ci si dice) e invece metta mille lire il secondo minuto urbano, cinquemila il terzo e così via: tanto, di gente che si può permettere una chiacchierata da diecimila ce ne sarà sempre.

Bisogna mettere in testa ai figli che una traduzione o un'equazione di terzo grado per telefono costeranno come tre biglietti per il basket; che quello che hanno combinato con la Cinzia se lo possono dire quando si incontrano, per strada; che ogni cioè è uno scatto. Scenate sempre più penose attenderanno le dame recidive che si ostineranno a starnazzare fra il crepitio degli scatti mentre il marito, che è rimasto a piedi con la macchina, tenta di avvisar casa dal bar e ogni volta che trova occupato riappende la cornetta in un modo che prima o poi scardina il-telefono.

Ma ho fiducia nel deterrente degli scatti urbani e mi immagino le comunicazioni del nuovo corso. «Pronto, è un secolo che non ci vediamo, volevo sapere come stai.» «Ma guarda che bella sorpresa, io sto bene grazie, ma piuttosto raccontami di te.» «Non c'è male ciao.» – «Pronto, rappresento l'istituto di beneficenza San Clemente, adesso le mando lì un incaricato, gli dia cinquemila lire, buongiorno.» – «Hai visto alla TV *Il Passatore?*» «Sì, una cazzata.» «D'accordo, a presto.»

Anche la RAI-TV dovrebbe introdurre gli scatti; due leaders, nel Telegiornale dell'altra sera, hanno dichiarato, pesando le parole una ad una, che il confronto era stato cordiale, che s'erano registrate delle convergenze mentre erano affiorate alcune divergenze che richiederanno un ulteriore approfondimento. Se avessero dovuto pagare ventimila lire di scatti a testa, avrebbero detto che purtroppo non avevano nulla da dichiarare.

Maschinengewehrs durchrattern (durch dieses Geprassel hört man überhaupt nicht mehr, was gesprochen wird) und stattdessen tausend Lire für die zweite Minute Stadtgespräch zu berechnen, fünftausend für die dritte und so weiter: schließlich wird es immer Leute geben, die sich einen Schwatz von zehntausend Lire erlauben können.

Man muß den Kindern in die Köpfe hämmern, daß eine Übersetzung oder eine Gleichung dritten Grades am Telefon so viel kostet wie drei Karten für ein Basketballspiel; daß sie sich ihre Erlebnisse mit Cinzia auch erzählen können, wenn sie sich draußen treffen; daß jedes «das heißt» eine Gebühren-Einheit ist. Immer schlimmere Szenen werden die unverbesserlichen Damen erwarten, die darauf beharren, unter dem Klicken des Zählers droufloszuschwatzen, während der Mann, der eine Autopanne gehabt hat, aus einem Café zu Hause anzurufen versucht und jedes Mal, wenn er das Besetztzeichen hört, den Hörer so auflegt, daß er über kurz oder lang das Telefon aus der Verankerung reißen wird.

Ich vertraue jedoch darauf, daß das Klicken des Zeittaktes abschreckend wirkt und stelle mir die zukünftigen Gespräche so vor: «Hallo, wir haben uns eine Ewigkeit nicht gesehen, ich wollte mal wissen, wie es dir geht.» «Was für eine nette Überraschung, mir geht es gut, danke, erzähl mir lieber was von dir.» «Es geht, Tschüs.» – «Hallo, ich bin vom Wohltätigkeitsinstitut San Clemente, ich schicke Ihnen einen Beauftragten, geben Sie ihm fünftausend Lire, guten Tag.» – «Hast du im Fernsehen den Passatore gesehen?» «Ja, ein Blödsinn.» «Finde ich auch. Bis bald.»

Auch das Fernsehen sollte den Zeittakt einführen. Zwei Parteivorsitzende haben in der Tagesschau neulich abend die einzelnen Worte wägend erklärt, daß die Begegnung herzlich gewesen sei, daß man Übereinstimmungen verzeichnen konnte, während einige Meinungsverschiedenheiten zum Vorschein gekommen seien, die weiterer Prüfung bedürfen. Hätte jeder der beiden zwanzigtausend Lire pro Zeiteinheit bezahlen müssen, so hätten sie gesagt, daß sie leider keine Erklärung abzugeben haben.

Pranzi di lavoro

Il mio vicino di posto, sul rapido, gira la forchetta negli spaghetti all'amatriciana e intanto mi racconta: gira l'Italia, è ispettore di una grossa azienda commerciale, non riesce a vivere in famiglia più di due giorni la settimana. Ma a questo si è abituato: con duecento o trecento gettoni al mese si riesce a star vicini anche soltanto con la voce. È riuscito a superare anche il famoso problema del letto, ogni sera un materasso diverso, un cuscino più duro o più morbido. Prendere treni al volo, perdere aerei, partire con abiti leggeri verso la Sicilia spazzata da un vento gelido, sono tutti inconvenienti che scompaiono di fronte al dramma delle colazioni di lavoro, dei pranzi aziendali: mangiare è niente di più e niente di meno che un aspetto della professione, cui non ci si può sottrarre, così come non ci si può sottrarre alla sopportazione se un cliente è prolisso e noioso.

Devo andare a Napoli – mi spiega – e invece mi fermo a Roma, sa perché? Perché a Napoli stasera c'è un pranzo; allora ho detto che dovevo fermarmi a Roma per un impegno precedente e sa cosa faccio a Roma?

Mi trovo con un mio amico, ispettore anche lui, ossessionato dai pranzi anche lui, ce ne andiamo in una trattoria, pigliamo un brodo, un'insalata mista e una bottiglia di minerale. Sono le nostre evasioni. Siamo come due amanti che ogni tanto si trovano clandestinamente per non mangiare.

Gli dico che capisco il suo dramma, ma c'è modo anche in una colazione di lavoro di difendersi, di ripiegare sul filetto. Sogghigna: lo sa lei cosa significa un consigliere delegato settantenne, piemontese, con quattordicimila bottiglie di vino in cantina, che non ha mai preso un epatoprotettore in tutta la sua vita?
10 Lo sa cosa significa essere a tavola con lui che ordina
11 ostriche, tartufi di mare, funghi e poi propone: «E

Arbeitsessen

Mein Nachbar im D-Zug stochert mit der Gabel in den Spaghetti all'amatriciana herum und erzählt mir folgendes: Er ist unterwegs durch ganz Italien, als Inspizient eines großen Handelsbetriebes; mit seiner Familie ist er höchstens zwei Tage in der Woche zusammen. Daran hat er sich gewöhnt: mit zwei- oder dreihundert Telefonmünzen im Monat schafft man es, den Kontakt aufrechtzuerhalten, wenn auch nur mündlich. Er hat auch das sattsam bekannte Betten-Problem bewältigt, jede Nacht eine andere Matratze, ein härteres oder weicheres Kissen. Einen Zug im letzten Moment zu erwischen, ein Flugzeug zu verpassen, in leichter Kleidung nach Sizilien zu reisen, über das ein eisiger Wind fegt – das sind alles harmlose Unannehmlichkeiten im Vergleich mit dem Problem der Arbeitsessen, der Betriebsbankette! Das Essen ist nicht mehr und nicht weniger als ein Teil des Berufes. Man kann sich ihm nicht entziehen, genauso wenig, wie man einem langweiligen oder weitschweifigen Kunden entgehen kann.

Ich muß nach Neapel fahren – sagt er mir – aber ich mache Station in Rom. Wissen Sie warum? Weil heute Abend in Neapel ein Essen vorgesehen ist. Ich habe also gesagt, daß ich in Rom bleiben müsse wegen einer bereits bestehenden Verpflichtung. Wissen Sie, was ich in Rom mache? Ich treffe mich mit einem Freund, der ebenfalls Inspizient ist und ebenfalls von Arbeitsessen geplagt wird; wir gehen in eine Trattoria, bestellen eine Kraftbrühe, einen gemischten Salat und eine Flasche Mineralwasser. Das sind unsere Seitensprünge. Wir sind wie zwei Liebende, die sich ab und zu heimlich treffen, um nichts zu essen.

Ich sage ihm, daß ich sein Problem verstehe, aber auch bei einem Arbeitsessen könne man sich doch wehren, man könne aufs Filet ausweichen. Er grinst: Kennen Sie einen siebzigjährigen Vorstandsvorsitzenden aus Piemont, der vierzehntausend Flaschen im Keller hat und sein Leben lang nie ein Medikament für die Leber einnehmen mußte? Wissen Sie, was es bedeutet, mit ihm zu speisen, wenn er Austern, Meeresfrüchte, Pilze bestellt und dann vorschlägt: «Und jetzt nehmen

adesso ci prendiamo un brodo con sherry secco per prepararci lo stomaco?»

Una volta puoi tirarti indietro ma se continui ad esitare (per esempio davanti alla polenta con le luganeghe che hanno ordinato per telefono nel famoso ristorante veneto) il consigliere delegato si alza e dice forte: «E adesso che cosa ordiniamo per il nostro amico Rossi?» E tutti rispondono in coro: «Un prosciuttino, una pajardina e un'insalatina.»

Decine di migliaia di uomini che viaggiano per lavoro – dice – hanno il mio problema, rinunceremmo anche a una parte di diaria se ci risparmiassero di mangiare. I nostri capi settantenni hanno degli stomaci di struzzo, forse hanno respirato meno smog nella loro giovinezza, hanno ingurgitato meno ansiolitici, non so a che diavolo si siano attaccati, il fatto è che sono delle macine, mangiano, ci sfottono se non mangiamo e, a fine banchetto, insistono per farci bere la grappa con dentro lo champagne «che le toglie l'aspro».

Guardo il mio compagno di viaggio e di pranzo: forse sognava un delizioso viaggio senza pasto, ma poi abbiamo fatto conoscenza e quando è venuto il cameriere a chiedere se desideravamo il pranzo e io avevo detto di sì, non aveva avuto il coraggio di dire di no. Ora affronta le scaloppe al madera con un'impercettibile ombra di disgusto. Ma mi sembra di cogliere ogni tanto una luce nel suo sguardo: forse pensa al colpo di vita, stasera a Roma, radicchi rossi e una minerale non gassata.

wir eine Kraftbrühe mit trockenem Sherry, um den Magen vorzubereiten?»

Einmal kannst du dich drücken, aber wenn du weiter zögerst (z. B. vor Polenta mit Würstchen, die in einem berühmten venezianischen Restaurant telefonisch bestellt wurden), dann steht der Vorstandsvorsitzende auf und sagt laut: «Was bestellen wir jetzt für unseren Freund Rossi?» Und alle antworten im Chor: «Ein wenig Schinken, ein gegrilltes Lendchen und einen kleinen Salat.»

Zigtausende von Menschen, die beruflich unterwegs sind – fährt er fort – haben mein Problem; wir würden gerne auf einen Teil der Tagesspesen verzichten, wenn man uns das Essen ersparen würde. Unsere siebzigjährigen Vorgesetzten haben Pferdemägen, möglicherweise haben sie in ihrer Jugend weniger Smog eingeatmet, haben weniger Beruhigungsmittel geschluckt, ich weiß nicht, woran zum Teufel sie sich gehalten haben, Tatsache ist, daß sie die reinsten Mühlwerke sind. Sie essen, sie hänseln uns, wenn wir nicht essen – und am Ende des Banketts bereden sie uns, Grappa mit Sekt zu trinken, «weil ihm der das Herbe nimmt».

Ich schaue auf meinen Reise- und Tischgenossen: Vielleicht träumte er gerade von einer vergnüglichen Reise ohne Essen. Aber nun haben wir uns kennengelernt, und als der Ober kam, um uns zu fragen, ob wir speisen möchten, bejahte ich – und er wagte nicht, nein zu sagen.

Jetzt macht er sich über die Schnitzel in Madeirasauce her, mit einem Anflug von Ekel. Ab und zu scheinen seine Augen aufzuleuchten; vielleicht denkt er an sein Lasterleben heute abend in Rom: Roter Radicchio und ein Mineralwasser ohne Kohlensäure.

L'ascensore è rotto, salgo a piedi i nove piani del condominio e, poiché oggi il concetto di scala è ormai dimenticato dai nostri sistemi cardiovascolari, cerco di rallentare al massimo le passeggiatine sui pianerottoli.

È così che ho modo di osservare il nuovo linguaggio sociale delle porte di casa: questi usci sono sempre stati uguali, ma una volta si poteva tentare di intuire il tono dell'appartamento dalle targhette (d'ottone lustro di sidol, smaltate, ovali-convesse col nome in corsivo inglese, di cartone attaccato con le puntine); o dallo zerbino (sontuoso come un buchara, UPIM con scritto Avanti, straccetto, niente); o dagli odori che filtravano di sotto (minestra col cavolo, arrosti di chiara fama, battuti di aglio).

Adesso gli architetti impongono targhette identiche in alluminio anodizzato e anche gli zerbini sintetici, funzionali, si assomigliano, e altrettanto gli odori di cibo precotto e mandato su dal rosticciere. Adesso gli appartamenti si possono indovinare dai congegni antifurto.

Un agente del fisco potrebbe per esempio insospettirsi a questo cancelletto massiccio, installato davanti alla porta e andare a controllare quanto ha denunciato il titolare? Si possono dar per buoni cinque milioni a chi difende casa sua come il sotterraneo di Fort Knox? Oppure si tratta di un *reddito fisso* che ha voluto darsi un tono e, quando l'ascensore non funziona, tutti sono costretti a domandarsi che reggia si nasconda lì dietro?

E che pensare di questo uscio spoglio, l'unica serratura di dotazione, la sensazione che basterebbe una spalla e non una spallata? È di una giovane coppia che l'unico oro lo porta all'anulare? O di un

potente che ha affittato metri cubi nel caveau della

banca e in casa tiene solo le copie dei Morandi e dei

Aus Sicherheitsgründen

Der Fahrstuhl ist kaputt, ich steige zu Fuß die neun Stockwerke der Eigentumswohnanlage hinauf, und weil heutzutage der Begriff Treppe bei unserem Kreislauf in Vergessenheit geraten ist, ziehe ich meinen Spaziergang auf den Treppenabsätzen möglichst in die Länge.

Auf diese Weise habe ich Gelegenheit, die neuen sozialen Erkennungsmerkmale an den Wohnungstüren zu studieren. Die Türen waren immer einheitlich, aber früher konnte man die Art der Wohnung an den Namensschildern erahnen (aus sidolgeputzem Messing, emailliert, oval-gewölbt, mit dem Namen in englischer Schreibschrift, aus Pappe, mit Reißzwekken befestigt); oder an den Fußabstreifern ablesen (prunkvoll wie ein Buchara oder aus dem Kaufhaus UPIM mit Aufdruck «Herein», ein Lumpen oder gar nichts); oder nach den Gerüchen einordnen, die durch die Tür zogen (Kohlsuppe, feiner Braten, gehackter Knoblauch).

Heute schreiben die Architekten gleiche Namensschilder aus eloxiertem Aluminium vor; auch die zweckmäßigen Fußabstreifer aus Kunststoff ähneln sich, ebenso die Gerüche von vorgekochtem Essen aus der Rosticceria. Heute kann man die Wohnungen nach den Sicherheitsanlagen einordnen.

Angesichts dieses massiven Gitters zum Beispiel, das vor der Tür angebracht ist, könnte ein Steuerbeamter Verdacht schöpfen und nachschauen, welches Einkommen der Inhaber angegeben hat? Kann man einen Menschen auf fünf Millionen taxieren, wenn er seine Wohnung wie das Kellergeschoß von Fort Knox absichert? Oder handelt es sich um jemanden mit «festem Einkommen», der nur angeben wollte, so daß, wenn der Fahrstuhl streikt, alle sich fragen müssen, was für ein Herrschaftssitz sich hinter dieser Tür verbirgt?

Und was soll man von dieser kahlen Tür mit dem Standard-Schloß halten, gegen die schon ein leichter Druck mit der Schulter genügen würde? Gehört sie einem jungen Ehepaar, das all sein Gold am Ringfinger trägt? Oder gehört sie einem Finanzkräftigen, der einige Kubikmeter im Tresorraum der Bank gemietet hat, zu Hause nur Replikate seiner Morandis

colliers e si è fatto fare pure la copia del televisore a 99 canali?

Al terzo piano osservo un uscio con due serrature supplementari, una quasi a terra e ci si deve accoccolare come il fruttivendolo quando tira su la saracinesca, l'altra altissima, quasi sbalorditiva, da Watussi inurbati. Quindi una porta che mostra invece un'unica superserratura, poco al di sotto della toppa di serie, un poderoso tassello circolare in acciaio inox con fessura per grande chiave Sing-Sing, si capisce che bisogna dare dodici o tredici mandate rimbombanti, quando l'inquilino rincasa di notte tutto l'isolato è costretto a prenderne atto.

Al quinto sono attratto da un sistema inferriata più portello blindato. Manca il ponte levatoio. L'appartamento a fianco, invece, affida le sue difese soltanto allo spioncino, però uno spioncino inquietante: non all'altezza della faccia ma dell'ombelico, forse scruta le mani, dicono che le mani spesso rivelino la personalità più del volto.

Salgo sempre più lentamente passando in rassegna sistemi trichiave, quadrichiave, pentachiave, simmetrici, asimmetrici, elementari e commoventi, poderosamente rozzi, di design impeccabile; ognuno lascia intuire dietro di sé pareti gravide di Impressionismo francese o di piatti omaggio delle Aziende di Soggiorno, argenti massicci con iniziali intrecciate o pastorelli di maiolica, poltrone Le Corbusier, diplomi con svolazzi in cornice.

Finalmente sono davanti all'uscio del mio amico, mi piazzo davanti all'occhio magico con la lente grand'angolo che trasformerebbe ognuno in un esemplare del Lombroso. Infatti non mi riconosce e chiede chi è. Quando mi apre gli parlo del mio lungo periplo fra gli antifurti e lui mi racconta che nel suo albergo al mare hanno rubato una Mercedes ultimo modello di Francoforte. Il ladro ha ingranato la marcia ed è scappato in un finimondo di sirena antifurto. Ma in

und seiner Juwelen aufbewahrt und sich nur die Attrappe eines Fernsehers mit 99 Programmen hat anfertigen lassen?

Im dritten Stock betrachte ich eine Tür mit zwei zusätzlichen Schlössern, das eine nahe am Boden, so daß man sich zum Öffnen zusammenkauern muß wie der Obsthändler beim Hochziehen des Rolladens – das andere verblüffenderweise ganz oben, wie für einen eingewanderten Watussi. Dann eine Tür, die ein einziges Superschloß aufweist, nur wenig unterhalb des serienmäßigen Schlosses, ein riesiger runder Einsatz aus rostfreiem Stahl mit Schlitz für einen großen Sing-Sing-Schlüssel: klar, daß man hier zwölf oder dreizehn dröhnende Umdrehungen machen muß; wenn der Mieter nachts heimkommt, bemerkt es die ganze Wohnanlage.

Im fünften Stock werde ich von einem Gitter plus Panzertür angezogen. Es fehlt nur die Zugbrücke. Die Nachbarwohnung dagegen vertraut nur auf ein Guckloch, allerdings auf ein beunruhigendes Guckloch: nicht in Höhe des Gesichts, sondern des Nabels. Vielleicht schaut man auf die Hände, es heißt ja, daß die Hände deutlicher als das Gesicht die Natur eines Menschen zeigen.

Ich steige immer langsamer, und dabei betrachte ich Vorrichtungen mit drei, vier, fünf Schlüsseln, symmetrisch, asymmetrisch angebracht, einfach und rührend, grobschlächtig oder von untadeligem Geschmack. Alles mögliche kann man hinter jeder Tür vermuten: Wände behängt mit französischen Impressionisten oder mit Werbetellern der Kurverwaltung, massives Silber mit Monogrammen oder Majolika-Schäfer, Sessel von Le Corbusier oder Ehrenurkunden mit Schnörkeln, gerahmt.

Endlich stehe ich vor der Tür meines Freundes. Ich stelle mich vor den Türspion mit der Weitwinkellinse, die jeden in einen Verbrechertyp verwandelt. Tatsächlich erkennt er mich nicht und fragt, wer da ist. Als er mir aufmacht, sage ich etwas von meiner Wanderschaft zwischen den Diebstahlsicherungen hindurch. Da erzählt er mir, daß in seinem Hotel am Meer ein Frankfurter Mercedes neuesten Modells gestohlen wurde. Der Dieb hat den Gang eingelegt und ist unter dem Höllenlärm der Alarmsirene davongefahren. Aber in Deutschland verlangt das

Germania la legge impone che questi congegni sonori non durino più di venti secondi, sennò succede come da noi che, per un contatto, si sveglia un quartiere. Si vede che in venti secondi, in Germania, piomba la polizia. Quando vengono in Italia i tedeschi dovrebbero avere l'autorizzazione a prolungare i venti secondi a un'ora e un quarto.

Poi l'amico mi illustra la sua porta rinforzata ed è una raffica di scatti mentre sbarre verticali e trasversali vanno ad arpionarsi dappertutto. L'ho fatto progettare e realizzare da un artigiano, mi spiega, i congegni industriali ti lasciano sempre il dubbio che possano essere acquistati e studiati anche dai ladri. L'ideale, dice, sarebbe pagare l'artigiano e poi sopprimerlo come facevano i cinesi quando costruirono la Grande Muraglia e poi ammazzavano gli uomini che conoscevano l'ubicazione dei passaggi segreti.

Gesetz, daß solche lauten Vorrichtungen nicht länger als zwanzig Sekunden ertönen, sonst geschieht es wie bei uns; daß wegen eines Fehlalarms ein ganzes Stadtviertel aufwacht. Offenbar kommt die Polizei in Deutschland innerhalb von zwanzig Sekunden. Wenn die Deutschen nach Italien fahren, sollten sie die Genehmigung haben, die zwanzig Sekunden auf eineinviertel Stunden zu verlängern.

Dann zeigt mir mein Freund die Sicherung seiner Tür: es erfolgt eine Serie von Schnappgeräuschen, während senkrechte und waagrechte Stangen überall einhaken. «Ich habe das von einem Handwerker entwerfen und ausführen lassen», erklärt er mir. «Die Serienanfertigungen lassen einen immer im Zweifel, ob sie nicht auch von Dieben gekauft und untersucht werden. Das beste wäre es, den Handwerker zu bezahlen und dann zu beseitigen – wie es die Chinesen gemacht haben, als sie die große Mauer errichteten und dann die Männer umbrachten, die den Verlauf der Geheimgänge kannten.»

Codice stradale

Il comportamento del Gentiluomo emerge chiaramente dal test della multa. Sulla strada abbondano i dritti: quelli che arrivano sparati nel limite di velocità e quando scorgono da lontano i caschi bianchi, danno il colpetto di freno (come se un occhio allenato non si accorgesse anche a distanza che la macchina, al tocco di pedale, «s'inginocchia» sull'avantreno); quelli che cominciano il sorpasso proibito e, quando scoprono la polizia, si riaccodano con un guizzo goffo da bambino preso in castagna (meglio completare il crimine e arrestarsi davanti alla paletta, con le braccia spalancate e aria sconsolata).

Poi ci sono quelli che tengono in mezzo alle pagine del libretto di circolazione un portachiavi col ciondolo della Stradale e quelli che, mostrando la patente, chiedono come sta il colonnello Poppi, me lo saluti tanto; espedienti pesanti, che ottengono l'effetto contrario.

Il gentiluomo è più leggero nell'astuzia, adotta per esempio la tecnica del contropiede: si ferma disciplinatamente all'ingiunzione dell'agente e lo batte sul tempo con una lunga e articolata richiesta di indicazioni, esempio: sia gentile, per andare a Rocca di Sotto, lei mi consiglia di deviare subito per la provinciale oppure, considerato il traffico, è meglio che prosegua sulla statale fino al chilometro duecentotré? L'agente risponde, si stabilisce un rapporto cortese, diventa difficile, al termine della spiegazione, cambiare tono, bene signore, e adesso favorisca patente e libretto.

Spesso gli agenti si divertono agli show in cui si producono gli automobilisti: le signore si butterebbero in ginocchio, se il marito lo sapesse non gli darebbe più la macchina, sia buono il Signore la premierà; gli uomini raccontano complicate e dolorose storie familiari, tirano fuori dal portafogli le

Das wahrhaft herrenmäßige Verhalten erweist sich so richtig beim Geldstrafentest. Auf der Straße gibt es jede Menge Schlaumeier. Zum Beispiel solche, die, wenn sie in der Geschwindigkeitsbegrenzung dahinrasen und von weitem die weißen Helme der Polizisten erblicken, leicht auf die Bremse drücken (als ob ein geübtes Auge nicht auch von weitem merken würde, daß der Wagen beim Antippen des Pedals vorne «in die Knie geht»); oder solche, die zum verbotenen Überholmanöver ansetzen und, wenn sie die Polizei entdecken, sich mit einem ungeschickten Ruck wie ertappte Kinder wieder in die Schlange einordnen (es wäre besser, das Verbrechen zu vollbringen und mit ausgebreiteten Armen und dem Ausdruck der Untröstlichkeit vor der Kelle anzuhalten). Es gibt auch welche, die zwischen den Seiten ihres Kraftfahrzeugscheines einen Schlüsselanhänger der Verkehrspolizei aufbewahren, und andere, die, beim Vorzeigen des Führerscheins nach dem Befinden des Obersten Poppi fragen: «Grüßen Sie ihn schön von mir.» Das sind plumpe Ausflüchte, die nur das Gegenteil bewirken.

Der wirkliche Herr ist von feinerer Schlauheit. Er wendet zum Beispiel die Überraschungstechnik an: Er hält hübsch ordentlich auf das Zeichen des Polizisten und kommt ihm mit einer langen, wohlgesetzten Bitte um Auskunft zuvor. Etwa so: «Ach bitte, wie komme ich nach Rocca di Sotto? Raten Sie mir, gleich auf die Nebenstraße abzubiegen, oder ist es mit Rücksicht auf den Verkehr besser, daß ich auf der Staatsstraße bis km 203 weiterfahre?» Der Polizist antwortet, es entsteht ein höflicher Kontakt, und am Ende der Erklärung wird es schwierig, einen anderen Ton anzuschlagen: «Gut, mein Herr, aber nun bitte Führerschein und Kraftfahrzeugschein».

Häufig amüsieren sich die Polizisten über die Schau, die die Autofahrer abziehen. Damen möchten sich am liebsten auf die Knie werfen (wenn der Ehemann das wüßte, würde er das Auto nicht mehr hergeben): «Seien Sie nett, der liebe Gott vergilt es Ihnen.» Männer erzählen verwickelte und traurige Familiengeschichten, sie holen die Fotos ihrer Lieben aus der Briefta-

fotografie dei loro cari, non di rado hanno a casa, che li aspetta, la moglie al nono mese. È strano quello che la gente escogita, non per evitare il ritiro della patente ma semplicemente per risparmiare qualche migliaio di lire: se è vero che il tempo è denaro, si paga molto di più che una multa. In ogni caso i piagnoni sono preferiti ai padreterni che allungano un diecimila, senza mai guardare l'agente, faccia presto che ho fretta, e danno l'impressione che loro si possono comprare sorpassi in curva e diritti di precedenza.

Il rapporto umano e la richiesta di grazia sono più facili di notte, quando la gente, in divisa e in borghese, si sente più sola: un dialogo su un'infrazione – in una strada di notte – fa presto a sconfinare in altri temi, lavoro cane, indennità notturne, figli, si finisce per parlare di tutto, come in treno. Si capisce al volo che la multa sarà condonata, il problema è che il colloquio si protrae, è tardi, non si vede l'ora di essere a letto. Se non fosse brutale, verrebbe voglia di tagliar corto, mi dica quant'è e buonanotte.

I giovani e gli anziani sono più indulgenti, le mezz'età sono le più brutte da trattare. I più terribili comunque sono i carabinieri, non quelli con le Giulie bianche e blu delle strade di gran traffico, ma quelli a piedi, in agguato nelle curve a gomito dei paesi, ti fermano anche se vai a quarantacinque, vogliono vedere il funzionamento degli stop, il triangolo rosso, esigono anche quel leggendario accessorio che è la cassetta con tutte le lampadine di riserva. Una volta capitò anche a me uno di questi incontri senza speranza: per dieci minuti seguitai a esibire documenti e accessori di legge, poi il più giovane dei due carabinieri, un ragazzo pugliese, mi disse di tirare il freno a mano. Eseguii. Adesso ingrani la marcia e acceleri: la mia macchina si spostò, cigolando. Basta così, disse il carabiniere, il suo freno manuale non è efficiente, paghi la multa. Capii che era inutile protestare: per i

sche, nicht selten werden sie zu Hause von ihrer hochschwangeren Frau erwartet. Seltsam, was die Leute sich ausdenken, nicht etwa um den Entzug des Führerscheins zu vermeiden, sondern um ein paar tausend Lire zu sparen. Wenn es stimmt, daß Zeit Geld ist, zahlt man so sehr viel mehr als eine Strafgebühr. Aber auf jeden Fall stehen die Jammernden besser da als die Angeber, die einen Zehntausend-Lire-Schein reichen, ohne den Polizisten auch nur anzuschauen – «Machen Sie schnell, ich bin in Eile» – und so tun, als könnten sie das Recht zum Überholen in der Kurve und auf Vorfahrt kaufen.

Menschliche Beziehungen und die Bitte um Nachsicht funktionieren nachts besser, wenn die Menschen, die uniformierten und die in Zivil – sich einsam fühlen. Das Gespräch über einen Verstoß – nachts auf einer Straße – führt bald zu anderen Themen: Sauarbeit, Nachtzulagen, Kinder: am Ende spricht man einfach über alles – genau wie im Zug. Man merkt bald, daß man die Strafe erlassen bekommt: das Problem ist, daß sich das Gespräch in die Länge zieht, es ist spät, man kann kaum erwarten, ins Bett zu kommen. Wenn es nicht grob wäre, möchte man kurzen Prozeß machen: Sagen Sie mir, wieviel, und gute Nacht.

Die Jungen und die Alten sind nachgiebiger, die mittleren Jahrgänge sind schwieriger zu behandeln. Die schlimmsten sind jedenfalls die Carabinieri, nicht die mit den weiß-blauen Alfa-Romeos auf den Hauptverkehrsstraßen, sondern die zu Fuß, versteckt hinter scharfen Kurven in den Dörfern. Sie halten dich an, auch wenn du fünfundvierzig fährst, wollen sehen, ob die Bremslichter in Ordnung sind, das Warndreieck, verlangen auch den Wunderkasten, der alle Ersatzlampen enthält. Einmal habe auch ich eine dieser hoffnungslosen Begegnungen erlebt: zehn Minuten lang zeigte ich Papiere und gesetzlich vorgeschriebenes Zubehör – und dann sagte der jüngere der zwei Carabinieri, ein junger Mann aus Apulien, ich solle die Handbremse ziehen. Ich tat es. «Jetzt legen Sie den Gang ein und fahren Sie an.» Mein Wagen bewegte sich quietschend. «Das reicht», sagte der Carabiniere. «Ihre Handbremse greift nicht, bezahlen Sie die Strafe.» Ich sah ein, daß Widerspruch zwecklos war. Für die Carabinieri auf dem Lande

carabinieri dei paesi il servizio sulla strada è un diversivo che li sottrae ai verbali sulle razzie di polli o sui litigi tra coniugi. Si tuffano nella missione con entusiasmo e zelo non incrinabili.

ist der Dienst auf der Straße eine Abwechslung, die sie von den Protokollen über Hühnerdiebstähle oder Ehestreitigkeiten befreit. Sie stürzen sich mit Begeisterung und unermüdlichem Eifer auf diese Aufgabe.

Antifurto

Vittorio mi passa a prendere in macchina e dopo un breve tragitto frena, toglie la chiavetta e mi chiede se son pronto a scendere. Sia pure sorpreso, gli rispondo che sono pronto. Dài, allora, quasi mi spinge fuori, mi scardina un gomito richiudendo precipitosamente la portiera, si butta dall'altro sportello come da un aereo, armeggia con affanno sulla serratura e finalmente si rilassa.

Capisce che deve fornirmi una spiegazione: «Da quando inserisco l'antifurto ho sette secondi di tempo, dopo di che comincia a suonare il clacson.»

Ce ne andiamo, dobbiamo parlare di lavoro, ma resto un po' assente, sono ossessionato dal pensiero che fra un'ora dovremo risalire in macchina e non so di quanti secondi disporremo. Mi distendo soltanto quando – dopo che l'amico si è proteso sotto la carrozzeria a schiacciare un bottone segreto, è piombato dentro al suo posto e mi ha spalancato la portiera – sono schizzato sul mio sedile anch'io, indenne.

Non metterò mai antifurto sulla mia macchina: preferisco che me la rubino, piuttosto che logorarmi il sistema nervoso centrale e quello periferico con questi angosciosi conti alla rovescia. Ma mi dicono che ci si abitua a coordinare i movimenti: che anzi, alla distanza, si rivelano esercizi benefici, come la ginnastica da camera.

È certo però che questi sistemi di antifurto generano nei passanti che dovrebbero intervenire, dubbi e disorientamento: quell'individuo che armeggia attorno a uno sportello e salta al volante è un ladro o il legittimo proprietario alle prese con i decimi di secondo?

In Italia il furto è il reato più diffuso. Le statistiche
sono meno sconfortanti di quanto può sembrare:
26 risulta per esempio che negli ultimi anni sono aumen-
27 tati del sei per cento: il costo della vita è aumentato di

Diebstahlsicherung

Vittorio kommt mit dem Wagen vorbei um mich abzuholen. Nach einer kurzen Strecke bremst er, zieht den Zündschlüssel ab und fragt, ob ich bereit sei auszusteigen. Trotz meiner Verblüffung antworte ich ihm, ich sei bereit. Dann also los! Er stößt mich fast hinaus und verrenkt mir den Ellenbogen indem er hastig die Tür zumacht; dann läßt er sich aus der anderen Tür fallen wie aus einem Flugzeug, hantiert atemlos am Schloß herum und entspannt sich schließlich.

Es ist ihm bewußt, daß er mir eine Erklärung schuldig ist: «Vom Einschalten der Diebstahlsicherung an habe ich sieben Sekunden Zeit; danach beginnt die Hupe zu tönen.»

Wir gehen weg, müssen über unsere Arbeit sprechen, aber ich bin etwas abwesend, denn mich verfolgt der Gedanke, daß wir in einer Stunde wieder ins Auto steigen müssen und ich nicht weiß, wie viele Sekunden uns dafür zur Verfügung stehen. Ich beruhige mich erst, als sich mein Freund unter die Karosserie gebeugt, einen verborgenen Knopf gedrückt, sich auf seinen Platz geworfen und mir die Tür aufgerissen hat, und ich selbst unversehrt auf meinen Sitz gesprungen bin.

Ich werde nie eine Diebstahlsicherung in meinen Wagen einbauen. Lieber soll er gestohlen werden, als daß ich mir das zentrale und periphere Nervensystem mit diesem quälenden Countdown kaputtmache. Es heißt zwar, daß man sich daran gewöhnt, die Bewegungen aufeinander abzustimmen, und daß sich dies auf lange Sicht sogar als gesundes Training erweist, ähnlich wie Zimmergymnastik.

Aber eins ist sicher: Diese Systeme der Diebstahlsicherung erzeugen in den Vorübergehenden, die eingreifen müßten, Zweifel und Verwirrung. Ist der Typ, der da an einer Tür herumfummelt und hinters Lenkrad springt, ein Dieb – oder ist er der rechtmäßige Besitzer im Wettlauf mit Zehntelsekunden?

In Italien ist Diebstahl das am weitesten verbreitete Delikt. Die Statistik ist allerdings nicht so entmutigend wie der Anschein. Zum Beispiel geht daraus hervor, daß in den letzten Jahren ein Anstieg von sechs Prozent zu verzeichnen war; der

più. Tuttavia si moltiplicano i sistemi di allarme, la tecnologia ha diffuso, nelle case con vasellame, pellicce e impressionisti alle pareti, dispositivi elettronici che soltanto qualche anno fa si vedevano solo nei film come *Rififì*. Ci sono padroni di casa che addirittura non resistono al piacere di sbalordire l'ospite, provi a mettere un piede su questa mattonella, e subito interrompono con un pulsante il putiferio che si sta scatenando.

La tecnologia, ovviamente, è anche al servizio dei ladri che aggiornano le tecniche di neutralizzazione. Cosicché si verifica una silenziosa, sotterranea competizione, come nel campo del missile e dell'antimissile. Sistemata la fotocellula, scoperto il modo di neutralizzarla, si colloca un secondo dispositivo che la protegge da manomissione e, se necessario, un terzo apparecchio che garantisce il secondo. Talvolta i meccanismi a guardia dei meccanismi diventano sistemi insondabili come il pensiero del pensiero del pensiero.

È inevitabile che questa automazione antifurto sempre più sofisticata e ultrasensibile richieda un alto grado di specializzazione e non comuni doti di memoria nei cittadini che se ne servono. Si moltiplicano i casi di interi isolati che si svegliano nella notte perché l'avvocato – con collezione di tazze di purpera, secondo impero – rientra dal week-end e apre la porta senza aver disinnescato il sistema d'allarme.

Una sera, invitato da un conoscente a bere qualcosa, entriamo in anticamera mentre da una porta chiusa viene un dialogo concitato, ci sono i ladri, Carlo, ci sono i ladri, ripete una voce femminile e le fa eco una voce d'uomo sicuro, ora prendo la pistola; dopo di che si ode uno scatto secco di colpo in canna. Il mio ospite sorride arrossendo, si era dimenticato di disinserire il registratore.

28 Succede anche che nelle calme notti di campagna,
29 dove non echeggiano più le campane a martello,

Anstieg der Lebenshaltungskosten war höher. Trotzdem: es gibt immer mehr Alarmsysteme, die Technik hat den Häusern mit Porzellan, Pelzen und Impressionisten an den Wänden elektronische Vorrichtungen verpaßt, die man noch vor einigen Jahren nur in Filmen wie Rififi bestaunen konnte. Es gibt sogar Hauseigentümer, die sich geradezu einen Spaß daraus machen, ihre Gäste zu verblüffen: «Versuchen Sie, einen Fuß auf diese Fliese zu setzen» – und unterbrechen dann gleich mit einem Knopfdruck das losgehende Getöse.

Die Technik steht selbstverständlich auch den Dieben zu Gebote, so daß sie die Gegenmittel auf den neuesten Stand bringen können. Auf diese Weise entsteht ein stiller unterirdischer Wettbewerb, wie auf dem Gebiet der Raketen und Abwehrraketen. Ist eine Fotozelle eingebaut und es wird die Möglichkeit entdeckt, ihre Wirkung aufzuheben, so bringt man eine weitere Vorrichtung an, die sie vor Beschädigung schützt, und falls erforderlich, ein drittes Gerät, das das zweite absichert. Manchmal entwickeln sich die Mechanismen zum Schutz der Mechanismen zu unerforschlichen Systemen, wie das Denken über das Denken über das Denken.

Es läßt sich nicht vermeiden, daß diese immer mehr verfeinerte und empfindliche Antidiebstahltechnik erhebliche Fachkenntnisse und außergewöhnliche Gedächtnisfähigkeiten von den Menschen verlangt, die sich ihrer bedienen. Es mehren sich die Fälle, daß ganze Häuserblöcke des Nachts aufwachen, weil der Anwalt – ein Sammler von Purpurtassen aus dem zweiten Empire – vom Wochenende zurückkehrt und die Tür öffnet, ohne die Alarmanlage abgestellt zu haben.

Eines Abends, als ich bei einem Bekannten auf ein Gläschen eingeladen war, treten wir in die Diele und hören hinter einer geschlossenen Tür ein erregtes Gespräch: «Es sind Einbrecher hier, Carlo», sagt mehrmals eine weibliche Stimme, und darauf erwidert die Stimme eines selbstsicheren Mannes: «Ich hole jetzt die Pistole», worauf man das trockene Schnappen beim Durchladen einer Waffe hört. Mein Gastgeber lächelt errötend, er hatte vergessen, das Tonband abzustellen.

Es kommt auch vor, daß in den ruhigen Nächten auf dem Lande, wo nicht mehr die Sturmglocken ertönen, das ohren-

esplodano laceranti ululati di sirena: sono gli amplificatori che proteggono le ville isolate, accorrono i carabinieri della vicina stazione, accorre il fattore e qualche animoso e trovano un piccolo topo fulminato, dentro il dispositivo di allarme.

Topi, corti circuiti, fotocellule impazzite, dimenticanze scatenano falsi allarmi in tutta la penisola. C'è della brava gente abituata a svegliarsi di soprassalto e a riprender sonno, è il solito contatto in casa dei Rossi. E ci sono anche casi di denuncia, non contro i ladri, ma contro coinquilini. Una volta si protestava per la radio troppo alta, oggi per gli antifurto che scattano a vuoto.

È il prezzo che bisogna pagare, mi fa notare un tecnico: non si esclude che l'errore di un radar possa scatenare la guerra nucleare, possiamo accettare un innocuo falso allarme. È una tesi ragionevole. Non si può tuttavia non rilevare il diffondersi di uno stress da antifurto.

Chi rincasa estenuato di lavoro, deve concentrarsi come un atleta prima di balzare in macchina con le acrobazie che ho detto, deve scatenacciare cinque minuti davanti alla porta per liberare tutte le serrature e le combinazioni cifrate; deve inserire sirene, registratori, spie telefoniche e scavalcare fotocellule se vuole andare a teatro; e poi ricordarsi di disinserire tutto quanto, al momento di rientrare. Una volta, per addormentarsi sereni, bastava chiudere il gas.

betäubende Geheule von Sirenen losgeht: Es sind die Heulanlagen, die alleinstehende Villen schützen. Die Polizisten der nächsten Wache laufen herbei, der Verwalter und noch irgendein beherzter Mensch laufen herbei – und finden in der Alarmanlage ein vom Stromschlag getroffenes Mäuslein.

Mäuse, Kurzschlüsse, verrückt spielende Fotozellen und Vergeßlichkeit lösen auf der ganzen Halbinsel falschen Alarm aus. Brave Bürger haben sich daran gewöhnt, aus dem Schlaf hochzuschrecken und wieder einzuschlafen, es war nur der übliche Fehlkontakt bei den Rossis. Es gibt aber auch Fälle von Anzeigen – nicht gegen Einbrecher, sondern gegen Hausnachbarn. Früher wehrte man sich gegen das zu laute Radio, heute gegen den falschen Alarm der Diebstahlsicherungen.

Das ist der Preis, den man bezahlen muß, gibt mir ein Techniker zu bedenken. Wenn nicht auszuschließen ist, daß ein Fehler in einer Radaranlage den Atomkrieg auslösen kann, können wir doch einen harmlosen Fehlalarm hinnehmen. Dies ist eine vernünftige These. Allerdings kann man nicht umhin, festzustellen, daß sich ein Diebstahlsicherungsstress ausbreitet. Wenn man nach der Arbeit müde nach Hause will, muß man sich wie ein Sportler konzentrieren, ehe man unter den oben erwähnten Verrenkungen ins Auto springen kann; man muß fünf Minuten lang an der Türe herumnesteln, um alle Schlösser und chiffrierten Kombinationen aufzuriegeln; und nachher muß man Sirenen, Tonbandgeräte und Telefonspione einschalten und zwischen Fotozellen hindurchklettern, wenn man ins Theater gehen möchte; kommt man nach Hause, muß man daran denken, alles wieder abzuschalten. Früher genügte es, wenn man beruhigt einschlafen wollte, das Gas abzudrehen.

Lettere, lettere

Ogni giorno il postino suona il campanello col naso, mani e braccia le ha impegnate a reggere la pila della corrispondenza, in atteggiamento solenne, da sacrificio pagano. Tendo le mie braccia e lui trasferisce il carico. Delle volte fa: hop.

Deposito tutto sulla scrivania e comincio il lavoro. Ormai ho l'occhio allenato, da come è scritto l'indirizzo, capisco se l'ha battuto una dattilografa (e in quel caso la busta è indirizzata «a me») oppure una stampatrice elettronica (e la busta è inviata a un cognome memorizzato in uno schedario). Nel secondo caso butto nel cestino senza aprire. Dépliants, catene di Sant'Antonio, buoni sconto, inviti a inaugurazioni, bollettini di associazioni, di enti, offerte di vini, di materassi a molle, testimoni di Geova, leghe per il cane, per il gatto, contro l'estinzione del gallo cedrone: tutti hanno qualcosa da propormi, regalarmi, da vendermi, da segnalarmi. Butto via fra terribili crisi di coscienza, distruggo in un attimo migliaia e migliaia di lire di francobolli, di carta intestata, di ore lavorative. E penso con angoscia che c'è tutta un'economia, un'organizzazione che sta in piedi per produrre questo sterminato nulla. Ma non ho tempo per prendere in esame l'universo tutte le mattine.

Anch'io mi domando perché nell'èra in cui la comunicazione pubblicitaria sfodera le arti più sofisticate comprese le tecniche subliminali, sopravvivano queste patetiche letterine che potevano incuriosirci un tempo, quando il postino non suonava due volte ma spesso neanche una.

L'amico Enzo Sermasi, esperto in questi problemi, mi dice che la pubblicità non inventa mai qualcosa di nuovo: si accontenta di utilizzare i mezzi già ben collaudati e di infilarci i suoi messaggi in vendita.

E la posta – aggiunge – in questo senso, funziona,

Briefe, Briefe

Jeden Tag drückt der Briefträger mit der Nase auf die Klingel, denn mit Händen und Armen hält er den Briefstapel, mit der feierlichen Gebärde einer heidnischen Opferhandlung. Ich strecke meine Arme aus, und er übergibt die Ladung. Manchmal sagt er: hopp.

Ich lege alles auf dem Schreibtisch ab und beginne mit der Arbeit. Mittlerweile habe ich ein geübtes Auge. Je nachdem, wie die Adresse geschrieben ist, erkenne ich, ob sie von einer Sekretärin getippt worden ist (in diesem Fall ist der Umschlag «an mich» gerichtet) oder von einem elektronischen Drucker (der Umschlag ist an einen Nachnamen adressiert, der in einer Kartei erfaßt ist). Im zweiten Fall werfe ich ihn ungeöffnet in den Papierkorb. Prospekte, Kettenbriefe, Gutscheine, Einladungen zu Eröffnungen, Mitteilungsblätter von Vereinen und Verbänden, Angebote für Weine und Sprungfedermatratzen, Zeugen Jehovas, der Schutzbund für den Hund, für die Katze, gegen das Aussterben des Auerhahns: Alle haben mir etwas vorzuschlagen, zu schenken, zu verkaufen, zu erklären. Ich werfe unter schrecklichen Gewissensbissen weg, ich zerstöre in einem Augenblick viele tausend Lire an Briefmarken, an Firmenpapier, an Arbeitsstunden. Ich denke mit Beklemmung daran, daß ein ganzer Wirtschaftszweig, eine ganze Organisation davon lebt, dieses endlose Nichts herzustellen. Aber ich habe einfach nicht die Zeit, um jeden Morgen die ganze Welt ins Auge zu fassen.

Auch ich frage mich, warum in einem Zeitalter, da die Werbung die ausgefeiltesten Künste in Verbindung mit den unterschwelligsten Techniken aufbietet, diese dringlichen Briefchen überleben, die früher einmal unsere Neugierde erwecken konnten, als der Postbote nicht zweimal am Tag, sondern oftmals überhaupt nicht läutete.

Mein Freund Enzo Sermasi, ein Fachmann auf diesem Gebiet, erklärt, daß die Werbung niemals etwas Neues erfindet: Sie gibt sich damit zufrieden, bereits bewährte Mittel zu verwenden und ihre Verkaufsargumente daran aufzuhängen.

Auch der Postversand – fügt er hinzu – funktioniert auf

anche se sappiamo benissimo che molti cestinano senza aprire (fa parte del nostro mestiere sparare a pallini): la risposta che ci attendiamo dalla valanga di corrispondenza spedita è normalmente dello zero virgola; quando arriva all'un per cento è un successone. Così capita che qualche lettera giunga per errore sulla scrivania di chi riceve mezzo chilo di posta ogni mattina.

Ma ci sono altre persone per le quali una busta con su il proprio indirizzo, Egregio nome e cognome, è ancora una sorpresa, un fatto importante: a volte comprano, più che per interesse, per gratitudine.

Prendo atto di appartenere statisticamente a quel novantanove per cento che cestina per non soccombere. Una casa di vendita per corrispondenza cui mio figlio, quand'era piccolo, aveva proditoriamente ordinato un tavolo da ping-pong, mi bombarda da allora, alternando lusinghe a rampogne. Una volta (con quelle diaboliche macchine che battono migliaia di lettere personalizzandole come fossero state scritte proprio per te) mi dissero che il consiglio d'amministrazione s'era riunito per esaminare il mio caso e «con rammarico aveva constatato» che non avevo fatto più ordinazioni, «nonostante ci siamo sobbarcati forti spese per farle pervenire i nostri ricchi cataloghi». Era un ammonimento? Confesso che restai turbato. Ordiniamo un tritacarne, dissi a mia moglie, così per qualche anno ci lasciano stare. Ma lei mi fece osservare che sarebbe stata un'ammissione di colpevolezza, meglio ignorare.

Quella che invece non posso ignorare è una busta gigante che mi incalza, da un anno, con inesorabile cadenza settimanale. Cominciò con una rivista inviatami in omaggio. Un giorno il postino mi disse che gli dovevo 25 mila lire, cioè il prezzo dell'abbonamento. Subii l'imposizione, per una forma di solidarietà con la carta stampata in genere. Mi scrissero

diese Weise, obwohl wir ganz genau wissen, daß viele die Briefe ungeöffnet in den Papierkorb befördern (es gehört zu unserem Beruf, mit der Schrotflinte zu schießen): Der Rücklauf, mit dem wir rechnen, wenn eine Lawine von Briefen abgegangen ist, bringt normalerweise Null Komma soundso. Wenn ein Prozent ereicht wird, bedeutet es schon einen großen Erfolg. Es kommt also vor, daß aus Versehen einige Briefe auf dem Schreibtisch von jemandem landen, der jeden Morgen ein halbes Kilo Post bekommt. Aber es gibt auch andere Leute. Für die ist ein Umschlag mit der eigenen Adresse, dem sehr geehrten Vor- und Zunamen noch eine Überraschung, ein wichtiges Ereignis. Die kaufen manchmal etwas, mehr aus Dankbarkeit als aus Interesse.

Ich stelle fest, daß ich statistisch gesehen zu jenen neunundneunzig Prozent gehöre, die, um nicht unterzugehen, den Papierkorb benutzen. Ein Versandhaus, bei dem mein Sohn, als er noch klein war, hinterrücks eine Tischtennisplatte bestellt hatte, bombardiert uns seither abwechselnd mit Schmeicheleien und Vorwürfen. Einmal schrieb man mir (mit jenen teuflischen Maschinen, die Tausende von Briefen tippen und sie so persönlich abfassen, als wären sie eigens für dich bestimmt), daß der Verwaltungsrat zusammengetreten sei, um meinen Fall zu prüfen und «mit Bedauern festgestellt habe», daß ich nichts mehr bestellt hatte, «obwohl wir uns große Kosten aufbürdeten, um Ihnen unsere reichhaltigen Kataloge zukommen zu lassen». War es eine Mahnung? Ich gestehe, daß ich verstört war. Bestellen wir einen Fleischwolf, sagte ich zu meiner Frau, dann lassen sie uns für einige Jahre in Frieden. Aber sie wies mich darauf hin, daß dies einem Schuldbekenntnis gleichkäme, es sei besser, die Sache zu übergehen.

Was ich allerdings nicht übergehen kann, das ist ein riesiger Umschlag, der mir seit einem Jahr mit unerbittlicher Regelmäßigkeit einmal in der Woche zu schaffen macht. Es begann mit der kostenlosen Zusendung einer Zeitschrift. Eines Tages sagte mir der Briefträger, ich solle 25 000 Lire bezahlen, den Preis für das Abonnement. Ich unterwarf mich dem Zwang, aus einer Art Solidarität mit allem bedrucktem Papier. Sie schrieben zurück, bedankten sich und teilten mir mit, daß ich

ringraziandomi e comunicandomi che, in quanto abbonato, partecipavo all'estrazione dei premi per 100 milioni. Pensavo che finisse lì. Invece cominciarono ad arrivare i bustoni da mezzo chilo contenenti tagliandi, certificati, altre buste, instruzioni, apra subito la busta verde, ha guardato nella busta arancione? si affretti a restituire: A) il talloncino azzurro; B) la scheda; C) il certificato di partecipazione, lei forse ha già vinto ma se non risponderà con la massima urgenza perderà ogni diritto al premio.

È un anno che forse ho già vinto, una volta mi spedirono un assegno di 10 milioni pagabili al signor Luca Goldoni,

«se (scritto in piccolo) risulterà estratto al concorso». Dovetti guardare controluce per capire che era un facsimile.

Ma nel disbrigo del dossier si cela un'insidia: se invece del tagliando azzurro si restituisce quello verde, si riceve un'enciclopedia, in visione gratis per dieci giorni. Se entro dieci giorni non si trova il tempo di far la fila alle poste per restituirla, il postino ci chiede se preferiamo pagare trecentomila in un colpo o in dodici rate.

Quando sono via da casa spendo fortune in telesezione, chiedo se è già arrivato il bustone, do istruzioni sul colore dei talloncini, rispedire tutto nella busta con scritto sul retro «no». Se si sbagliano e imbucano quella con scritto «sì», ci arrivano una libreria in palissandro, un pianoforte a coda e un traghetto. La domestica, che ho terrorizzato con le conseguenze di un suo errore, mette tutto nella busta «no», una volta ci ha messo anche l'avviso di una multa per eccesso di velocità e son dovuto andare a spiegare la cosa al pretore.

36 Come si fa a interrompere quest'incubo postale, a
37 sradicarsi da una memoria elettronica?

als Abonnent an der Verlosung von Preisen im Werte von hundert Millionen teilnähme. Ich dachte, damit sei es ausgestanden. Stattdessen kamen Umschläge von einem halben Kilo Gewicht an, enthaltend: Abschnitte, Gutscheine, andere Umschläge, Anweisungen: Öffnen Sie sofort den grünen Umschlag, haben Sie in den orangenen Umschlag gesehen? Beeilen Sie sich mit dem Rücksenden von: a) dem blauen Abschnitt; b) der Karteikarte; c) dem Teilnahmeschein, Sie haben möglicherweise bereits gewonnen, aber wenn Sie nicht auf dem schnellsten Wege antworten, verlieren Sie jeden Anspruch auf den Preis.

Es ist schon ein Jahr her, daß ich vielleicht gewonnen habe. Einmal haben sie mir einen Scheck über zehn Millionen geschickt, zahlbar an Herrn Luca Goldoni, «wenn (kleingeschrieben) dieser bei der Auslosung gezogen wird». Ich mußte den Scheck gegen das Licht halten, um dahinter zu kommen, daß es nur ein Muster war.

Aber beim Ausfüllen der Papiere gibt es eine verborgene Falle: Wenn man statt des blauen Abschnitts den grünen zurückschickt, bekommt man eine Enzyklopädie zur kostenlosen Ansicht für zehn Tage. Findet man innerhalb von zehn Tagen keine Zeit, im Postamt Schlange zu stehen, um sie zurückzusenden, fragt der Postbote, ob wir den Betrag von 300000 Lire auf einmal oder in zwölf Raten bezahlen wollen. Wenn ich von zu Hause weg bin, gebe ich ein Vermögen für Ferngespräche aus; ich frage, ob der große Umschlag schon da ist, gebe Anweisungen über die Farbe der Abschnitte, gebe Auftrag, alles in dem Kuvert mit der rückseitigen Aufschrift «nein» zurückzusenden. Wenn die zu Hause sich irren und den Umschlag mit der Aufschrift «ja» einwerfen, erhalten wir ein Bücherregal in Palisander, einen Flügel und ein Fährschiff. Das Dienstmädchen, dem ich Angst gemacht habe, wie ein Versehen sich auswirken könnte, steckt alles in den Umschlag «nein»; einmal hat sie auch eine gebührenpflichtige Anzeige wegen Geschwindigkeitsübertretung hineingesteckt, und ich mußte aufs Amtsgericht, um die Sache aufzuklären.

Wie kann man diesen postalischen Alptraum unterbrechen, diesem elektronischen Gedächtnis entrinnen?

Nei rapporti verbali ogni tanto si risolve una situazione con l'urlo. Gli altri ammutoliscono, si spaventano, lasciano perdere. Ma si può imbucare un urlo? E così non resta che rassegnarsi: professione destinatario.

In einem Gespräch kann man ab und zu die Lage mit einem Schrei klären. Die anderen verstummen, erschrecken und geben auf. Aber kann man einen Schrei in einen Briefkasten stecken? Und so bleibt uns nichts anderes übrig, als nachzugeben. Beruf: Empfänger.

Le automobili, che un tempo erano inconfondibili, ognuna con una sua personalità, oggi si assomigliano tutte: la ragione è semplice. Che una volta predominava l'estetica e oggi giustamente prevale la funzione. E le linee della razionalità (massimo spazio col minimo ingombro, coefficiente aerodinamico, consumi ridotti ecc.) convergono fatalmente verso i medesimi schemi. Personalmente preferirei che le automobili fossero diversissime fuori e che si assomigliassero un po' di più al loro interno, per esempio nei comandi del cruscotto.

Pigliamo a esempio il clacson: per decenni ha regnato indisturbato nel suo contesto più naturale, il volante. Prima stava al centro, poi è passato sulle razze, bene anche lì, lo si trovava subito. Adesso è diventato un quiz: sarà appollaiato sulla levetta di sinistra o sull'asticciola di destra? Se uno guidasse sempre e soltanto la sua macchina, il clacson potrebbero metterlo anche sotto il sedere e si farebbe l'abitudine anche al colpo di natica. Il fatto è che oggi si guidano pure le macchine a noleggio, quelle della ditta, del figlio e della moglie.

Bene, se guido la mia macchina è chiaro che lo faccio con gesti ormai automatici: posso cioè anche ingolfarmi in una discussione e, senza distrarmi, trovo a colpo sicuro il clacson, lampeggiatore, frecce, tergicristallo.

Se mi capita di guidare la macchina di mio figlio, so che è inutile cercare il clacson sul volante: per suonare bisogna premere un bottone sull'asta delle frecce (a sinistra) mentre il tergicristallo non è una leva ma un tasto sul cruscotto (sempre a sinistra), da non confondere con l'identico tasto di destra che aziona il ventilatore.

Se guido la macchina di mia moglie, prima di partire devo fare un ripasso generale: l'unico

Autokrankheit

Die Automobile, einstmals unverwechselbar, jedes einzelne mit einer eigenen persönlichen Note, ähneln sich heute alle: Der Grund ist einfach. Früher stand die Schönheit im Vordergrund, heute überwiegt zu Recht die Zweckmäßigkeit. Die Gebote der Vernunft (größtmöglicher Raum bei sparsamsten Außenmaßen, Stromlinienform, geringer Verbrauch usw.) führen unvermeidlich zu einem einförmigen Aussehen. Ich persönlich würde es vorziehen, daß die Autos äußerlich ganz verschieden wären und sich dafür in ihrem Inneren etwas mehr glichen, beispielsweise in den Schaltern am Armaturenbrett.

Nehmen wir uns als Beispiel die Hupe vor: Jahrzehntelang residierte sie unangefochten an ihrer natürlichsten Stelle, dem Lenkrad. Zunächst war sie in der Mitte, dann wurde sie an die Speichen verlegt – na schön, auch dort fand man sie gleich. Jetzt ist ein Quiz daraus geworden: Hat man sie auf das linke Hebelchen gesetzt oder auf das rechte Stäbchen? Wenn einer immer und ausschließlich seinen eigenen Wagen fahren würde, könnte man die Hupe auch unter dem Hintern anbringen und man würde sich eben angewöhnen, mit den Backen zu hupen. Aber tatsächlich fährt man heute ja auch Leihwagen, das Firmenfahrzeug, das Auto des Sohnes und das der Ehefrau.

Schön, wenn ich meinen eigenen Wagen fahre, ist es klar, daß ich das längst ganz automatisch tue. Ich kann mich also auch auf eine Diskussion einlassen und ohne mich abzulenken finde ich mühelos Hupe und Lichthupe, Blinker und Scheibenwischer.

Wenn ich gelegentlich das Auto meines Sohnes fahre, weiß ich, daß es sinnlos ist, die Hupe am Lenkrad zu suchen: Um zu hupen, muß ich einen Knopf am Blinkerhebel drücken (links), während der Scheibenwischer kein Hebel, sondern eine Taste am Armaturenbrett ist (ebenfalls auf der linken Seite), jedoch nicht zu verwechseln mit der gleichartigen Taste rechterhand, die einen Ventilator betätigt.

Fahre ich den Wagen meiner Frau, muß ich vor dem Start nochmals alles durchsehen: Die einzige bekannte Bedienungs-

comando familiare sono le frecce, tutto il resto è concentrato in un'unica mostruosa asta sulla destra del volante: se premo il pomello suono, se lo ruoto aziono il tergicristallo, se lo tiro verso di me faccio schizzare acqua sul parabrezza, se lo spingo in avanti lampeggio, se lo abbasso accendo il riscaldamento.

In tutto il mondo per tacito accordo i rubinetti dei lavabo si aprono ruotandoli in senso antiorario, anche se il contrario non provocherebbe gravi sinistri; pure i fabbricanti di automobili un minimo di intesa l'hanno trovato, la sistemazione della pedaliera.

Se una casa improvvisamente lanciasse un modello con i pedali del freno e della frizione invertiti, ci accopperemmo appena usciti dal concessionario. Mi domando perché non si accordano anche sulla unificazione degli altri comandi: si rischia ugualmente la pelle propria e altrui.

Pochi giorni fa una signora mi ha attraversato la strada guardando dalla parte opposta. Invece di suonare ho freneticamente eseguito le seguenti operazioni: ho messo in azione il tergicristallo, ho riempito il vetro di acqua e shampoo, ho acceso il fanale della nebbia posteriore.

Sono riuscito a trovare qualcosa di abituale, il pedale del freno e ho inchiodato sfiorando la donna con un parafango.

Poco tempo prima sull'autostrada con un'auto a noleggio ho rischiato di accopparmi io: stavo superando un autotreno, l'asfalto era bagnato e in un attimo mi sono trovato il parabrezza oscurato da un velo di fanghiglia. Ho cercato di azionare il lavavetro e invece ho suonato, acceso il riscaldamento, lampeggiato e sbrinato il lunotto posteriore. Sono riuscito a frenare alla cieca e successivamente, procedendo per esclusioni, ho individuato il tergicristallo.

einrichtung sind die Blinker, alles übrige ist in einem ungeheuren Hebel rechts vom Lenkrad untergebracht: Drücke ich den Knopf, dann hupe ich, drehe ich daran, setze ich den Scheibenwischer in Bewegung, ziehe ich ihn in meine Richtung, spritze ich Wasser auf die Windschutzscheibe, ziehe ich ihn nach vorne, betätige ich die Lichthupe und drücke ich ihn hinunter, so schalte ich die Heizung ein.

Nach einem stillschweigenden Übereinkommen auf der ganzen Welt öffnen sich Wasserhähne, wenn man gegen den Uhrzeigersinn dreht, auch wenn das Gegenteil keinen großen Schaden verursachen würde; die Hersteller von Autos haben ebenfalls ein Mindestmaß an Übereinstimmung gefunden, die Anordnung der Pedale. Würde ein Werk plötzlich ein Modell auf den Markt bringen, bei dem die Brems- und Kupplungspedale umgekehrt angebracht wären, so würden wir uns gleich nach Verlassen des Autohauses zu Tode fahren. Ich frage mich, warum sie sich nicht auch auf eine Vereinheitlichung der anderen Handhabungen einigen. Bei denen riskiert man genau so die eigene Haut und die der anderen.

Vor einigen Tagen überquerte vor mir eine Dame die Straße und sah dabei in die entgegengesetzte Richtung. Statt zu hupen, habe ich nacheinander wie ein Verrückter folgende Maßnahmen durchgeführt: Ich habe den Scheibenwischer betätigt, die Windschutzscheibe mit Wasser und Reinigungsmittel vollgespritzt, den hinteren Nebelscheinwerfer eingeschaltet. Schließlich gelang es mir, etwas Gewohntes zu finden, nämlich das Bremspedal, mit dem ich eine Vollbremsung vollführte, wobei ich die Frau mit einem Kotflügel streifte.

Einige Zeit davor lief ich auf der Autobahn Gefahr, mit einem Leihwagen zu verunglücken: Ich überholte gerade einen Lastzug, die Straße war naß und innerhalb von Sekunden war meine Windschutzscheibe von einer Schlammschicht verdunkelt. Ich habe versucht, die Scheibenwaschanlage zu bedienen und statt dessen habe ich gehupt, die Heizung angedreht, geblinkt und die Heckscheibenheizung eingeschaltet. Es gelang mir, blindlings zu bremsen, und erst nach und nach, durch Ausschließen aller anderen Möglichkeiten, bin ich auf den Scheibenwischer gekommen.

Anche con i meccanismi secondari è inevitabile innervosirsi: su quasi tutte le macchine, per abbassare il finestrino, si ruota il pomello all'indietro, ma su alcune no e, quando entri a un casello autostradale, ritiri la scheda e riparti, la scheda vola via per la ventata che hai provocato aprendo del tutto invece di chiudere. Non parliamo delle maniglie interne degli sportelli. Una volta c'erano delle levette individuabili, accessibili, comodissime. Improvvisamente si sono accorti che queste maniglie erano troppo vistose, sconvenienti, forse volgari. Allora hanno pensato di occultarle pietosamente, mimetizzandole fra la plastica del pannello, introducendole in artistici loculi, sempre «sotto» o «dietro» qualcosa. Quando un amico ci scarrozza a casa e si ferma, prolunghiamo con qualche pretesto la conversazione e intanto armeggiamo furtivamente con la mano per tentare di uscire senza fare la figura dell'imbranato che non sa neppure aprire uno sportello. Finalmente l'amico se ne accorge e, sdraiandosi su di noi, raggiunge un aggeggio segreto che fa scattare la serratura.

Mentre a nessuno viene in mente di migliorare la tastiera della macchina per scrivere mettendo la «a» al posto della «k» e nessuno pensa di progettare un telefono con il dischetto che gira nell'altro senso, gli architetti dei cruscotti continuano a inventare quello che è già stato inventato e che ci sta benissimo. Per contro, non son capaci di rendere più umano l'impianto di climatizzazione, quella dama-cinese di tasti e levette che, se uno in autostrada si concentra per ridurre il getto d'aria artica, prende in pieno un pilastro del cavalcavia.

Ormai si guida a moscacieca, in città si strombazza invece di metter la freccia e il vigile si gira inviperito, i cruscotti sono pieni di imbecillate digitali («attenzione fare rifornimento», chi se ne frega, non bastava la spia della riserva?) e sono diventati

Auch bei den weniger wichtigen Vorrichtungen wird man unvermeidlich nervös: Bei fast allen Fahrzeugen kurbelt man den Griff rückwärts, um das Fenster zu öffnen, aber bei einigen Typen ist es anders und wenn du an eine Autobahnzahlstelle heranfährst, die Karte herausziehst und wieder anfährst, fliegt sie dir in dem Luftzug davon, der dadurch entstand, daß du das Fenster, anstatt es zu schließen, gänzlich geöffnet hast. Von den Griffen an der Innenseite der Türen ganz zu schweigen. Früher waren es erkennbare, leicht erreichbare und bequeme Hebel. Aus heiterem Himmel kam die Erleuchtung, daß diese Griffe zu auffällig, unvorteilhaft, vielleicht zu gewöhnlich seien. Man überlegte daher, sie rücksichtsvoll zu verstecken, innerhalb der Türverkleidung zu tarnen, in kunstvolle Nischen einzubauen, immer «unter» oder «hinter» etwas anderem. Fährt uns ein Freund nach Hause und hält an, so setzen wir unter einem Vorwand die Unterhaltung fort, während wir verstohlen mit der Hand herumfuhrwerken in dem Versuch, auszusteigen, ohne wie ein Tölpel dazustehen, der nicht einmal eine Autotür aufmachen kann. Schließlich fällt es dem Freund auf, er greift über uns hinweg, und erreicht ein geheimes Dings, das das Schloß entriegelt.

Während kein Mensch daran denkt, die Tastatur der Schreibmaschine zu verbessern, indem er das «a» anstelle des «k» setzt und es keinem einfällt, ein Telefon zu entwerfen, dessen Wählscheibe sich in die andere Richtung dreht, erfinden die Konstrukteure von Armaturenbrettern unentwegt etwas, das bereits erfunden und längst am idealen Platz ist. Auf der anderen Seite sind sie nicht fähig, die Klimaanlage menschlicher zu gestalten, dieses rätselhafte Wesen aus Tasten und Griffen, das denjenigen, der sich auf der Autobahn darauf konzentriert, den arktischen Luftzug zu verringern, frontal gegen einen Brückenpfeiler prallen läßt.

Heutzutage spielt man beim Fahren Blindekuh; in der Stadt hupt man, statt den Blinker zu betätigen, worauf sich der Polizist erbost herumdreht; die Armaturen sind voll von schwachsinnigen Digitalanzeigern («Achtung, tanken»; wer schert sich darum? Genügte nicht die Kontrollampe für die Reserve?), und die Hebel und Knöpfe, die doch einen Sinn

dei «puzzle» per i comandi che servono, ogni modello ha il suo «videogame» con i test di abilità. A questi «designer» vorrei esprimere tutto il mio risentimento di automobilista che si accontenterebbe di guidare un veicolo e non di risolvere ogni volta il cubo di Rubik.

haben, sind zum Ratespiel geworden. Jedes Modell verfügt über sein eigenes Videoprogramm mit Geschicklichkeitstests. Diesen Designern möchte ich meine ganze Mißbilligung als Autofahrer aussprechen. Ich wäre zufrieden, ein Fahrzeug zu steuern, und ich möchte nicht jedes Mal die Lösung für den Zauberwürfel finden müssen.

«Mi spiace, entro le cento mi è rimasto soltanto un cucchiaio da risotto, viene sulle novantamila; ma posso mostrarle la lista dalle cento in su, dove abbiamo ancora diversi oggetti disponibili.»

Lo credo bene: i regalanti di serie C, cioè la maggioranza, si sono precipitati appena è giunta la notizia che la lista nuziale era stata depositata in negozio, e hanno saccheggiato fra il repertorio dai prezzi più accessibili.

La sposina (che sembra Giselle, ma rivela una insospettata efficienza da ragioniere generale dello Stato) ha censito mentalmente parenti ed amici, li ha brutalmente catalogati sotto il profilo finanziario e ha preparato l'elenco con fredda oculatezza: non vuole doppioni, lampade incredibili, tripli servizi da tè, vasi di cristallo riciclati da nozze precedenti e così ha sventagliato le sue esigenze, dal cavatappi inox al tv color.

Secondo il ceto di appartenenza le liste vengono depositate in negozi di casalinghi o da Cartier, se esistono zii grandi evasori, compare in lista anche una Panda (voglio vedere se ha il coraggio di evadere anche con me).

I prezzi sono chiaramente indicati a fianco, IVA compresa, e i donatori scorrono la lista come il menù o la carta dei vini, quando si mente sapendo di mentire: preferisco un buon chiaretto (L. 6000) allo champagne (38.000); no, la trota salmonata non mi piace (19.000), vado pazzo per il vitel tonné (4800). Ma, come dicevo, l'elenco di doni sotto le cento viene bruciato in poche ore. C'è la fila, come alla SIP quando si parla di un probabile aumento del gettone.

Gli sposi sono tuttavia comprensivi e fanno sapere tramite il negoziante che sono graditi anche regali cumulativi: c'è dunque la possibilità di consorziarsi anche se non ci si conosce. È rimasta libera una quota

«Es tut mir leid, bis Hunderttausend ist nur noch ein Reislöffel übrig, er kommt auf Neunzigtausend; ich kann Ihnen aber die Liste ab Hundert aufwärts zeigen, auf der einige Gegenstände noch nicht abgehakt sind.»

Das glaub ich gern: Die Schenkenden der Kategorie C, das sind die meisten, sind losgestürzt, sobald bekannt wurde, daß die Hochzeitsliste im Geschäft ausgelegt war, und sind über die preislich günstigsten Angebote hergefallen.

Die junge Braut (es scheint sich um Giselle zu handeln, die jedoch unvermutet die Fähigkeiten eines Finanzbeamten entwickelt), hat im Geiste alle Verwandten und Freunde veranlagt, hat sie ohne alle Gefühle nach ihren finanziellen Möglichkeiten eingestuft und mit kühler Umsicht das Verzeichnis vorbereitet. Sie möchte keine Doppelstücke, keine unmögliche Lampen, kein dreifaches Teegeschirr, keine Kristallvasen, die von früheren Hochzeiten übriggeblieben sind, und so hat sie ihre Bedürfnisse kundgetan, vom rostfreien Korkenzieher bis zum Farbfernsehgerät. Je nach Einkommensgruppe werden die Listen entweder in Hausstandsgeschäften hinterlegt oder bei Cartier; wenn es einen Onkel gibt, der ein großer Steuerhinterzieher ist, taucht in der Liste auch ein Fiat Panda auf (wir wollen doch mal sehen, ob er den Mut hat, auch bei mir zu hinterziehen).

Die Preise sind seitlich notiert, einschließlich Mehrwertsteuer; die Schenkenden lesen die Liste wie eine Speise- oder Weinkarte, rauf und runter; im Hinterkopf weiß man, daß man lügt: ich ziehe einen guten Chiaretto (6000 Lire) dem Champagner (38 000 Lire) vor; nein, Saibling schmeckt mir nicht (19 000), ich bin verrückt nach vitel tonné (4.800). Aber, wie ich schon sagte, die Geschenkliste unter Hundert ist in wenigen Stunden abgehakt. Man steht Schlange wie am Postamt, wenn eine Preiserhöhung für Telefonmünzen bevorsteht.

Das Brautpaar hat durchaus Verständnis und läßt über den Geschäftsinhaber wissen, daß auch Gemeinschaftsgeschenke willkommen sind: es besteht daher die Möglichkeit sich zusammenzutun, auch wenn man sich nicht kennt. Für die

da duecentomila per l'impianto stereo, dice suadente il commesso. E così ci si trova azionisti di un matrimonio. Oppure ci si può imbattere materialmente in qualcuno che ha programmato la stessa spesa e allora ci si comporta come con l'autostop, si chiede di essere presi a bordo e – firmando insieme il biglietto d'accompagnamento alla caraffa di Boemia e d'argento – si può anche imbastire una simpatica amicizia e magari decidere per una settimana, in settembre, al Club Méditerranée.

L'usanza del regalo deciso da chi lo riceverà si diffonde dalla città alla campagna, dal Nord al profondo Sud: certamente obbedisce a una sua filosofia pratica e tuttavia mi appare come una degenerazione burocratica di quel sondaggio cordiale che si fa sulle necessità dei nubendi, quando si è in confidenza e magari si propone, che ne direste di un bell'assegno?

Invece la lista «erga omnes» depositata dal negoziante (col quale la sposa-manager ha fatto il contratto: un ulteriore acquisto gratuito per ogni milione raggiunto) mi sa di pubblica sottoscrizione per calamità naturali o di abbonamento alle radioaudizioni, casella postale Torino, fra tutti coloro che si metteranno in regola entro il 15 verrà sorteggiato eccetera.

Le fanciulle che ricevono i fattorini non aprono più emozionate gli scatoloni a sorpresa, ma controllano, spuntano con distacco notarile le varie «voci» in elenco, praticità per praticità mi chiedo perché gli sposi ricambiano con bomboniere e confetti invece di offrirci dei buoni benzina.

Una sparuta pattuglia di donatori resiste coraggiosamente col regalo autonomo, furbo, difficilmente valutabile in moneta: insomma il regalo ufo che può essere qualcosa a metà fra antiquariato e rigattiere:
50 una stampa con velieri, una maschera della Guinea
51 Bissau, può non piacere, ma chissà cos'è costato. La

Stereoanlage ist noch ein Anteil von Zweihunderttausend frei, sagt der Verkäufer gewinnend. So wird man zum Aktionär einer Ehe. Oder man verbindet sich materiell mit jemandem, der die gleiche Ausgabe geplant hatte, in diesem Fall benimmt man sich wie beim Autostop, man bittet, mitgenommen zu werden, man unterschreibt gemeinsam die Glückwunschkarte, die der silbergefaßten Kristallkaraffe beiliegt – man kann auch eine nette Verbindung knüpfen und sich eventuell für September für eine Woche im Club Méditerrannée verabreden.

Der Brauch, daß der Empfänger das Geschenk bestimmt, breitet sich von der Stadt aufs Land aus, vom Norden bis in den tiefen Süden. Sicher folgt er einer eigenen praktischen Vernunft – und trotzdem erscheint er mir als bürokratische Entartung jener freundschaftlichen Frage nach den Bedürfnissen des Brautpaares, wenn man auf vertrautem Fuße miteinander steht und vielleicht vorschlägt: «Was würdet Ihr zu einem schönen Scheck sagen?»

Hingegen erinnert die Liste «erga omnes», die beim Händler hinterlegt wird (mit dem die geschäftstüchtige Braut einen Vertrag geschlossen hat: Einen zusätzlichen kostenlosen Einkauf für jede erreichte Million) an eine öffentliche Spendenaktion bei Naturkatastrophen, oder an das Rundfunkabonnement, Postfach Turin: Alle die bis zum 15. angemeldet haben, nehmen an der Verlosung teil usw. . . .

Die jungen Mädchen, die den Firmenboten empfangen, öffnen nicht mehr aufgeregt die Überraschungspakete, sondern kontrollieren und haken mit der Sachlichkeit eines Notars die verschiedenen «Posten» auf der Liste ab; doch wenn schon praktisch, dann frage ich mich, warum das Brautpaar mit Bonbons und Zuckermandeln erwidert, statt Benzingutscheine zu verteilen.

Ein verschwindender Teil der Schenkenden leistet mutig Widerstand mit einem eigenen Geschenk, das klug gewählt wird und schwierig in Geld zu schätzen ist: eben das Ufo-Geschenk, das halbwegs zwischen Antiquariat und Trödler angesiedelt ist: Ein Druck mit Segelschiffen, eine Maske aus Guinea Bissau, – möglicherweise gefällt es nicht, aber wer

maggioranza, tuttavia, si arrende e accetta di autoclassificarsi come donatore sotto le cento, oltre le trecento ecc., a caval donato è di moda guardare in bocca.

Non escludo che si sia sempre tentata la valutazione postuma dei regali di nozze, soprattutto quelli della gente importante, spesso più parca e prudente degli amici poveri ma pazzi, o di inaspettati generosissimi sconosciuti. Ma era un'indagine discreta che gli sposi non confessavano neppure a se stessi, mentre ricercavano il marchio di prestigio sul retro della tazzina o il punzone asburgico sulla caffettiera d'argento.

Adesso gli sposi fanno accertamenti che neppure la guardia di finanza si sogna, oggetto ricevuto: lire 85.500; possibilità accertata di donazione: un milione. Non siamo più degli amici che fanno il regalo. Siamo diventati dei contribuenti nuziali.

weiß, was es gekostet hat. Die Mehrheit jedoch streckt die Waffen und ist bereit, sich selbst als Geber unter Hundert, über Dreihundert, usw. einzustufen, es ist modern, dem geschenkten Gaul ins Maul zu schauen.

Ich schließe nicht aus, daß man schon immer versucht hat, den Wert von Hochzeitsgeschenken herauszubringen, besonders wenn sie von wichtigen Leuten stammen, die oft sparsamer und vorsichtiger sind als arme, aber verrückte Freunde, oder von großzügigen Unbekannten, mit denen niemand gerechnet hat. Aber es war ein diskretes Nachforschen, das sich die Brautleute nicht einmal selber eingestanden, während sie am Boden der Tasse das wertvolle Markenzeichen oder auf der silbernen Kaffeekanne den Habsburger Stempel suchten.

Heutzutage nimmt ein Brautpaar Veranlagungen vor, von denen nicht einmal Zollbeamte träumen. Empfangener Gegenstand: Lire 85 500; sicher zu leistendes Geschenkaufkommen: eine Million. Wir sind nicht mehr Freunde, die Geschenke machen. Wir sind hochzeitliche Steuerzahler geworden.

Si lamenta perché sua figlia ha un bimbo di due mesi e pretende di allattarlo mentre fa la cura dimagrante bevendo solo tè per riacquistare la linea preparto.

Le consiglio di dire a sua figlia che si gestisce un utero ma non un bambino e che il suo diritto ai jeans (in cui sogna di rientrare) vale il diritto a una poppata sostanziosa.

Dimagrisca finché vuole, ma digiunando per conto proprio e abdicando alla nobile funzione di nutrice. Da noi si può benissimo: ci sono le fosfatine, gli omogeneizzati e le donne non sono nate, come teorizza Gheddafi, solo per allattare.

Non mi sento certo di rivalutare i tempi in cui le giovani madri si gonfiavano di birra e di tutto ciò che «faceva latte» e piangevano disperate se, alla pesata di controllo, non erano raggiunti i due etti d'obbligo. Il periodo dell'allattamento era una specie di limbo in cui le donne galleggiavano pallide e disfatte coi reggiseni imbottiti di pezzuole per tamponare la «montata» del latte.

Detto questo devo aggiungere che sono un po' sorpreso dalla disinvoltura con cui oggi appunto si gestisce il neonato. Mi sembra di ricordare, per esempio, che per la festa del battesimo mamma e figlio se ne stavano tranquilli a casa mentre padre, nonni, zii e amici gozzovigliavano in trattoria. L'altra domenica ho assistito a un banchetto dove il festeggiato veniva passato come una palla da rugby da un capo all'altro della tavolata, sopra le bottiglie di lambrusco e i resti del coniglio alla cacciatora. Mi sembra di ricordare che una volta era proibito baciare i neopargoli e toccargli le manine («poi se le mette in bocca»), ma questo qui se lo sbaciucchiavano voracemente come un com-
54 pagno accolto all'aeroporto di Mosca.
55 La giovane madre con gli occhi lucidi di pluribrindi-

Sie beklagt sich, daß ihre Tochter einen zwei Monate alten Sohn hat und sich einbildet, ihn stillen zu können, während sie eine Schlankheitskur macht, bei der sie nur Tee trinkt, um die Figur, die sie vor der Entbindung hatte, wiederzuerlangen.

Ich rate ihr, ihrer Tochter zu sagen, daß man seine Gebärmutter behandeln kann, wie man will, aber nicht ein Kind; und daß ihr Recht auf Bluejeans (sie träumt davon, wieder hineinzupassen) dem Recht auf eine gehaltvolle Brustmahlzeit gleichkommt. Sie soll abnehmen, so viel sie Lust hat, aber sie soll auf eigene Kosten hungern und dem edlen Beruf der Amme entsagen. Bei uns ist das sehr gut möglich: Es gibt Kraftnahrung und homogenisierte Produkte, und die Frauen sind nicht, wie Khadafi lehrt, nur auf die Welt gekommen, um zu stillen.

Ich fühle mich gewiß nicht berufen, die alten Zeiten wieder aufzuwerten, in denen sich die jungen Mütter mit Bier und anderem, was «Milch machte», aufschwemmten und verzweifelt weinten, wenn bei der Gewichtskontrolle die vorgeschriebenen zweihundert Gramm nicht erreicht wurden. Die Stillzeit war ein halbes Jenseits, in dem die Frauen bleich und aufgelöst herumschwebten, mit Büstenhaltern, die mit Läppchen ausgestopft waren, zum Aufsaugen der aufsteigenden Milch.

Dies vorausgeschickt muß ich aber nun sagen, daß ich doch befremdet bin von der Ungezwungenheit, mit der man heute das Neugeborene behandelt. Ich glaube mich zum Beispiel daran zu erinnern, daß bei der Tauffeier Mutter und Sohn ruhig zu Hause blieben, während Vater, Großeltern, Onkel und Freunde im Wirtshaus schlemmten. Vergangenen Sonntag habe ich einem Festessen beigewohnt, wo der Täufling wie ein Rugbyball von einem Tischende zum anderen gereicht wurde, über die Lambrusco-Flaschen und die Reste des Kaninchens nach Jägerart hinweg. Ich glaube mich zu erinnern, daß es früher verpönt war, die Neugeborenen zu küssen und ihre Händchen anzufassen («er steckt sie dann wieder in den Mund»), aber diesen schmatzten sie so wild ab wie einen Genossen beim Empfang auf dem Moskauer Flughafen.

Die junge Mutter, deren Augen vom vielen Anstoßen leuch-

si assisteva soddisfatta ai festeggiamenti e sembrava compiaciuta di aver assicurato ai convitati anche questo diversivo dopo l'orchestrina del liscio e l'amaro offerto dal locale.

Ricordo anche che portare fuori il bambino richiedeva un rituale complesso: per primo usciva il padre ad assaggiare l'aria, poi il pupo veniva scarrozzato nelle ore regolamentari, lontano dai rumori e dai gas di scarico. Adesso i lattanti seguono le madri dal parrucchiere, dove aspettano il turno tossicchiando nelle carrozzine festonate, al cinema o ai mercatini estivi dove genitrici fameliche di capi firmati si tamponano e si scontrano con i passeggini a rotelle. Per non parlare dei neonati da sbarco che vengono proletariamente trasportati in groppa, a tracolla, a spallarmo, a cavallo dell'anca, da un concerto pop a un festival, e respirano aria di rivoluzione e spinello fin dalle prime boccate.

Ci stiamo avviando all'era del neonato «a perdere» come le bottiglie col tappo di latta? Ma no, non drammatizziamo:

dopo i figli tirati su con le sberle e i figli del permissivismo forse il futuro è nelle mani di questi figli allevati come pacchi.

Forse sono in cantiere delle classi di ferro (più di quelle cui una volta si inneggiava sui muri): alle elementari faranno il dettato su «cos'è mai la vita» e, quando saranno adulti, probabilmente ordineranno ai loro figli «su, da bravo, fai l'inchino alla signora».

teten, wohnte den Feierlichkeiten hochbefriedigt bei; offenbar freute sie sich, dafür gesorgt zu haben, daß sie den Eingeladenen, nach der einfachen Tanzmusik und dem vom Wirt spendierten Likör, auch diese Abwechslung bieten konnte.

Ich erinnere mich noch, daß das Ausfahren des Kindes ein vielgestaltiges Ritual erforderte: Zunächst ging der Vater hinaus, um die Luft zu prüfen, dann wurde das Kind zu geregelten Stunden ausgefahren, weit weg von Lärm und Auspuffgasen. Heute folgen die Säuglinge ihren Müttern zum Friseur, wo sie in ihren herausgeputzten Wägen hustend warten, bis diese an der Reihe sind; sie begleiten sie ins Kino oder auf die Sommermärkte, wo ihre Erzeugerinnen, gierig nach Markenmodellen, mit den Sportwagen schubsen und stoßen. Ganz zu schweigen von Landungstruppen-Babies, die schlicht und einfach auf dem Rücken, vor der Brust, auf den Schultern oder auf den Hüften reitend von diesem Popkonzert zu jenem Festival geschleppt werden und die Luft der Revolution und den Rauch des Joint mit den ersten Atemzügen zu sich nehmen.

Nähern wir uns dem Zeitalter der Wegwerf-Kinder (wie die Flaschen mit Blechfolien-Verschluß?) Ach nein, wir wollen nicht dramatisieren: Nach den Kindern, die mit Ohrfeigen, und denen, die antiautoritär erzogen wurden, liegt vielleicht die Zukunft in der Hand von Kindern, die wie Pakete behandelt worden sind.

Vielleicht sind eiserne Jahrgänge im Entstehen (stärker als jene, die sich früher an den Hauswänden so brüsteten). In der Grundschule werden sie das Diktat über «Was ist eigentlich das Leben» schreiben, und wenn sie erwachsen sind, befehlen sie möglicherweise ihren Söhnen «Sei ein braver Junge, mach einen Diener vor der Dame».

Il cane lupo irrompe dal cancello e scorrazza per il giardinetto condominiale mentre la sua giovane padrona lo guarda estatica. I cani mi piacciono, ma quando se ne stanno a casa loro: per questo vado verso il cancello, approfitto di un'uscita del lupo e faccio per chiuderlo fuori. Il cane mi si avventa contro ringhiando. Allora mi levo uno zoccolo deciso a spaccargli il cranio: il mio furore deve far effetto sull'animale che esita schiumando rabbia dalla bocca. Adesso sono io che lo affronto a zoccolate mentre la giovane signora mi urla se sono impazzito, non devo muovermi, devo abbassare le braccia. Accorre e afferra la sua belva al collare, poi mi impartisce una lezione. Mi spiega anzitutto che il suo cane è addestrato alla difesa, che ha fatto la scuola di Terracina, che è un cane civilissimo, basta non commettere errori. Io chiudendo il mio cancello condominiale ho commesso un imperdonabile errore psicologico, un gesto ostile e mi è andata bene per miracolo perché il suo cane di preferenza attacca alla gola.

Dominando le extrasistole dico alla signora che se nel giro di dieci secondi non mette il guinzaglio al suo giaguaro di Terracina, rompo lo zoccolo in testa a lei.

Che ci sia il boom dei pastori tedeschi, dei mastini napoletani, dei dobermann, degli alani laureatisi col 110 e lode ai corsi di difesa e di attacco lo sappiamo tutti. E ci inchiniamo alle precauzioni di chi teme sequestri e rapine. Si dà il caso che la società italiana sia formata anche di pacifici cittadini che non torcono un capello a nessuno e addirittura consegnano alla polizia i portafogli smarriti: e tuttavia questi cani antisequestro terrorizzano anche loro.

58 Ci troviamo questi addestratissimi e suscettibi-
59 lissimi mostri accucciati accanto al tavolo del risto-

Der Wolfshund dringt durch die Gittertür ein und läuft im Gärtchen der Eigentumswohnanlage hin und her, während ihn seine junge Besitzerin verzückt beobachtet. Hunde gefallen mir, aber wenn sie bei sich zu Hause bleiben. Deshalb gehe ich in Richtung Tür, nütze ein Hinauslaufen des Wolfes aus und will ihn aussperren. Der Hund stürzt mir knurrend entgegen. Daraufhin ziehe ich einen Holzpantoffel aus, entschlossen, ihm den Schädel einzuschlagen: Mein Zorn muß Eindruck auf das Tier machen, es zögert wutschnaubend. Jetzt bin ich derjenige, der mit dem Holzpantoffel die Zähne zeigt. Da schreit mich die junge Dame an, ob ich verrückt wäre, ich dürfe mich nicht bewegen, ich müsse die Arme herunternehmen. Sie läuft herbei, packt die Bestie am Halsband und erteilt mir dann eine Lektion. Sie erklärt mir zunächst, daß ihr Hund zur Verteidigung abgerichtet ist, daß er die Schule in Terracina besucht hat, daß er ein wohlerzogener Hund ist, wenn man keine Fehler macht. Indem ich das Tor der Wohnanlage schloß, beging ich einen unverzeihlichen psychologischen Fehler; ich habe eine feindliche Geste gemacht und bin nur durch ein Wunder davongekommen, da ihr Hund vorzugsweise an der Kehle angreift.

Ich versuche mich zu beherrschen und sage der Dame, daß, wenn sie nicht innerhalb von zehn Sekunden ihrem Jaguar aus Terracina die Leine anlegt, ich den Holzpantoffel auf ihrem Kopf zerschlagen werde.

Jeder weiß, daß es einen Boom Deutscher Schäferhunde, neapolitanischer Bluthunde, Dobermänner und Doggen gibt, die die Prüfungen der Verteidigungs- und Angriffskurse mit Auszeichnung bestanden haben. Und wir beugen uns den Vorsichtsmaßnahmen derer, die Entführung und Raub befürchten. Zufällig besteht jedoch die italienische Gesellschaft auch aus friedlichen Bürgern, die keinem ein Haar krümmen und sogar verloren gegangene Geldbörsen bei der Polizei abliefern. Auch sie werden von diesen Anti-Entführungs-Hunden terrorisiert.

Wir befinden uns in Gesellschaft dieser gut ausgebildeten und äußerst reizbaren Ungeheuer, die neben dem Tisch im

rante, al bar, sulla spiaggia: mostrano i denti se alziamo un po' la voce in una discussione, se diamo una pacca sulle spalle a un amico, se alziamo una gamba per allacciarci le scarpe. E subito i padroni affabili ci ammoniscono: non si agiti a quel modo, non è mica un pechinese è un pastore, non capisce se lei si sta allacciando una scarpa o vuol prendermi a calci.

Ho rotto delle amicizie con gente con cane da guardia che, quando citofonavo dal cancello spiegando le mie esitazioni, mi sfottevano, dài entra fifone e fa' l'indifferente, ti morde solo se gli dài l'impressione di avere paura. Ecco, non ho mai mandato giù il fatto di dover essere io a impormi un comportamento al cospetto di un cane e non il contrario. Adesso i terribili cani son diventati gorilla di professione, circolano senza guinzaglio e senza museruola (perché tanto sono addestrati) e io devo stare attento a non grattarmi la testa perché potrebbero scambiarlo per un atto ostile.

Per tali ragioni comunico ufficialmente quanto segue: non solo non ho più intenzione di continuare a fingermi spavaldo, perché questi bastardi di sangue blu approfittano di chi mostra paura; non solo non ho più intenzione di controllare il tono della mia voce o i gesti delle braccia o le chiusure del mio cancello perché non siano considerati atti ostili. Ma a mia volta considererò atto di ostilità ogni ringhio e ogni minaccioso avvicinamento oltre i limiti dei due metri: oltre agli zoccoli ho anche il porto d'armi.

Non sopporto più che tra un cane e il sottoscritto debba essere io a mettere la coda fra le gambe.

Restaurant, in der Bar und am Strand hocken: Sie fletschen die Zähne, wenn wir bei einem Gespräch die Stimme etwas erheben, wenn wir einem Freund einen Klaps auf die Schulter geben, wenn wir ein Bein heben, um uns die Schuhe zuzubinden. Und sofort ermahnen uns ihre freundlichen Besitzer: Bewegen sie sich nicht auf diese Weise; das ist schließlich kein Pekinese sondern ein Schäferhund, er versteht nicht, ob sie sich einen Schuh zubinden oder mir Fußtritte geben wollen.

Ich habe Freundschaften mit Leuten abgebrochen, die einen Wachhund hatten und die mich, wenn ich von der Haustür über die Sprechanlage hinaufrief und mein Zögern erklärte, hänselten, komm herein, du Feigling und verhalte dich einfach unbefangen, er beißt dich nur, wenn du ihm das Gefühl gibst, daß du Angst hast. So habe ich niemals die Tatsache verwunden, daß ich derjenige sein muß, der sich angesichts eines Hundes zu einem bestimten Verhalten zwingen muß, anstatt umgekehrt. Jetzt sind die schrecklichen Hunde Berufsgorillas geworden, sie laufen ohne Leine und Maulkorb herum (da sie ja dressiert sind) und ich muß aufpassen, mich nicht am Kopf zu kratzen, da sie dies für eine feindliche Geste halten könnten.

Aus diesen Gründen gebe ich folgendes offiziell bekannt: Nicht nur will ich mich nicht länger als Draufgänger gebärden, nur weil diese blaublütigen Bastarde diejenigen, die Angst zeigen, anfallen. Und nicht nur will ich nicht länger auf den Ton meiner Stimme, die Bewegungen meiner Arme oder das Schließen meiner Gartentür achten, damit dies nicht als feindliche Handlung ausgelegt wird. Sondern ich werde meinerseits jedes Knurren und jede bedrohliche Annäherung auf mehr als zwei Meter als feindliche Handlung betrachten: Außer Holzpantoffeln habe ich auch einen Waffenschein.

Ich will nicht mehr, daß im Konflikt zwischen einem Hund und dem Unterzeichneten ich derjenige sein soll, der den Schwanz einzieht.

Offerta speciale

La cosa più rivoluzionaria introdotta dal supermarket nel costume italiano è che la spesa non è più un sostantivo femminile singolare, ma un rito collettivo, a livello familiare, o addirittura dinastico se nelle carovane dei coniugi con figli sbilanciati dai sacchetti di plastica, si uniscono anche i nonni.

Arrivano il sabato pomeriggio, si tuffano nel grande luna park e comprano per tutta la settimana. Davanti a ogni scaffale c'è un presepio: il figlio piccolo appollaiato sul carrello cromato, i genitori che spuntano la lista: la dimestichezza con gli acquisti ha raggiunto gradi altissimi di specializzazione, le fette di prosciutto sotto cellophane vengono attentamente osservate in controluce, i contenitori delle uova vengono aperti tranquillamente per controllare che non ve ne siano di crepate, si palpa con mano sicura il pomodoro nella confezione di plastica per scartare quello un po' passato: anche i mariti hanno imparato che nel sistemare la spesa nei sacchetti, i grissini non vanno mai messi sotto perché si sbriciolano.

Alla cassa è la moglie che parla con la commessa, che segue lo scorrere dei numerini sulla calcolatrice pronta a intervenire se c'è uno sbaglio di prezzo fra il latte magro e quello semimagro, ma è sempre il marito che tira fuori i soldi e paga.

Gli uomini, che sono sempre refrattari ad accompagnare le mogli in giro per i negozi, e si mettono in un angolo, mesti e assenti come stoccafissi, nel supermarket escono dal letargo, spesso vengono anche soli, si rivelano sensibilissimi alle offerte speciali e se c'è lo sconto sulla carta igienica ne comprano anche cinquanta rotoli; non degnano di uno sguardo il settore ortofrutta e se fosse per loro lo scorbuto dilagherebbe nelle famiglie italiane, e si scatenano invece davanti allo scatolame. Talvolta ci

Sonderangebot

Die umwälzendste Neuerung, die der Supermarkt für die italienischen Lebensgewohnheiten gebracht hat ist die, daß die Einkauferei nicht mehr ein weibliches Hauptwort in der Einzahl ist, sondern ein gemeinsamer Brauch auf Familien-, ja Sippen-Ebene geworden ist, wenn sich in die Kolonne eines Ehepaares mit Kindern, von Plastiktüten aus dem Gleichgewicht gebracht, auch die Großeltern einreihen.

Sie kommen am Samstag nachmittag, stürzen sich in den großen Vergnügungspark und kaufen für die ganze Woche ein. Vor jedem Regal ist eine Krippenszene: Der kleine Sohn hockt auf dem verchromten Wagen, die Eltern haken die Liste ab. Die Vertrautheit im Umgang mit dem Einkaufen hat einen hohen Grad von Fachmannschaft erreicht. Die in Zellophanpapier verpackten Schinkenscheiben werden gegen das Licht gehalten und aufmerksam betrachtet; die Eierkartons werden seelenruhig geöffnet, zur Kontrolle, ob keine zersprungenen Eier darin sind; mit sicherer Hand betastet man die Tomate in der Plastikverpackung, um eine vielleicht etwas überreife auszusondern. Längst wissen auch die Ehemänner, daß man beim Einpacken der Einkäufe in die Plastiktüten die Grissini niemals zuunterst legt, weil sie sonst zerbröckeln.

An der Kasse ist es die Ehefrau, die mit der Verkäuferin spricht, die das Durchlaufen der Zahlen auf der Rechenmaschine verfolgt, bereit einzugreifen, wenn ein Fehler beim Preis der mageren und der halbfetten Milch auftritt, aber es ist immer der Ehemann, der das Geld herausholt und bezahlt.

Die Männer, die sich immer sperren, wenn sie ihre Frauen zum Einkaufsbummel begleiten sollen, und sich immer bedrückt und abwesend wie Stockfische in eine Ecke stellen, erwachen im Supermarkt aus ihrer Lethargie. Oft kommen sie auch alleine. Sie sind sehr empfänglich für Sonderangebote, und wenn es einen Rabatt auf Klopapier gibt, kaufen sie auch mal fünfzig Rollen. Die Obst- und Gemüseabteilung würdigen sie keines Blickes; wenn es nach ihnen ginge, würde sich der Skorbut in den italienischen Familien ausbreiten. Angesichts von Dosen verlieren sie dagegen jede Beherrschung. Manch-

mettono in difficoltà: non avete quel tonno spagnolo con la faccia del marinaio sul barattolo arancione? No, in quel tonno che dico io il marinaio ha la pipa fra i denti.

Gli uomini soli si aggirano golosamente anche nei reparti casalinghi, sono attratti dai nuovi tipi di spremiqualcosa, di cavatappi, di sgorgalavandini, pretendono di imporre al mite desco familiare il macinapepe alto cinquanta centimetri a forma di torre saracena che hanno adocchiato nel ristorante rustico. Le coppie in crisi che si rivolgono ai consultori non si sentono più proporre il solito viaggetto ma la frequentazione assidua del supermarket. Sembra che la pianificazione alimentare dell'intera settimana e una visita al settore «idee per la casa» giovi all'unità della famiglia.

mal bringen sie einen in Verlegenheit: «Habt ihr nicht den spanischen Tunfisch mit dem Gesicht des Seemanns auf einer orangenen Dose? Nein, bei dem Thunfisch, den ich meine, hat der Seemann eine Pfeife zwischen den Zähnen.»

Auch in den Haushaltsabteilungen streifen die Männer kauflüstern herum; sie werden von neuen Typen irgendwelcher Pressen, Korkenzieher oder Abflußreiniger angelockt; sie nehmen sich vor, zur bescheidenen Familientafel eine fünfzig Zentimeter hohe Pfeffermühle in Form eines sarazenischen Turmes beizutragen, mit der sie in einem rustikalen Restaurant geliebäugelt haben. Paare, die sich in einer Krise befinden und sich an die Eheberater wenden, bekommen nicht mehr die übliche kleine Reise verordnet, sondern den eifrigen Besuch des Supermarktes. Es scheint, daß die Lebensmittelplanung für eine ganze Woche und ein Besuch der Abteilung «Ideen für das Haus» der Familien-Harmonie zuträglich sind.

Grande esodo, grande rientro, qualcuno osserva che i giornali potrebbero anche saltare a piè pari la litania di Ferragosto, conosciamo l'immutabile copione pure nelle virgole. E invece il copione lentamente, ma cambia. Questa scadenza è un po' come il Salone dell'Aeronautica di Parigi o la parata sulla Piazza Rossa: ogni anno si vedono le ultime novità. E così nei comportamenti degli italiani esposti nel salone di Ferragosto si può cogliere qualcosa di nuovo, di diverso.

Anche se è azzardato l'identikit di questo mitico personaggio dai milioni di volti, il ferragostano ultima edizione appare irriconoscibile rispetto a quello di anni fa: è più europeo, forse un po' più nordico. Per esempio, nelle estenuanti anabasi autostradali di una volta il delitto era sempre in agguato, molti guidatori tenevano il cacciavite nel cruscotto, ci si ammazzava per un sorpasso.

Oggi la filosofia della convivenza a contatto di paraurti è stata largamente accettata: il ferragostano cuoce rassegnato al sole, in coda ai caselli d'entrata, in coda ai caselli d'uscita, in coda negli itinerari alternativi (che curiosamente la radio si ostina ad additare a tutti quanti contemporaneamente; le vere alternative che ci restano sarebbero le vie dei campi, degli orti, delle vigne).

Conquistato il mare, il ferragostano non finisce di stupire: non ha più la radiolina accesa sotto braccio, è capace di sopravvivere sotto l'ombrellone senza il mangianastri in funzione, dice addirittura ai figli di abbassare il volume del juke-box se nel bar qualcuno deve telefonare (l'apparecchio è inesorabilmente appeso sopra lo stereo). Il livello di decibel dell'estate si è impercettibilmente ridotto: sono perfino diminuiti i ragazzini che imballano il motorino impennandolo su una ruota sola.

Massen-Auszug, Massen-Rückkehr; jemand bemerkt, daß die Zeitungen die Litanei über die August-Feiertage ebensogut weglassen könnten, wir kennen das unveränderliche Drehbuch bis zum letzten Komma. Indessen: das Drehbuch verändert sich doch, wenn auch langsam. Dieser immer wiederkehrende Termin hat eine gewisse Ähnlichkeit mit der Luftfahrtschau in Paris oder der Parade auf dem Roten Platz: Jedes Jahr sieht man die letzten Neuigkeiten. Und genauso kann man im Benehmen der Italiener bei der Ferragostoschau etwas Neues, etwas anderes beobachten.

Auch wenn es gewagt ist, aus Millionen von Gesichtern das Phantombild dieses mythischen Menschen zu formen – die letzte Ausgabe des Ferragostomenschen ist nicht wiederzuerkennen, wenn man ihn mit dem von früher vergleicht. Er ist europäischer, vielleicht etwas nordischer. Zum Beispiel lag damals während der zermürbenden Völkerwanderungen auf den Autobahnen immer das Verbrechen auf der Lauer, viele Fahrer hatten den Schraubenzieher griffbereit, wegen eines Überholmanövers brachte man sich um. Heute hat sich weithin die Philosophie eines Zusammenlebens Stoßstange an Stoßstange durchgesetzt. Der Ferragostomensch brät ergeben in der Sonne, steht Schlange bei der Autobahn-Einfahrt, steht Schlange bei der Autobahn-Ausfahrt, steht Schlange auf den Umgehungsstrecken (die der Rundfunk seltsamerweise allen gleichzeitig empfiehlt; die wahren Alternativen wären die Pfade durch Felder, Gemüsegärten und Weinberge).

Am Meer angekommen, hört der Ferragostomensch nicht auf, einen in Erstaunen zu versetzen. Er trägt nicht mehr das eingeschaltete Miniradio unter dem Arm, er ist fähig, auch ohne laufendes Tonbandgerät unter seinem Sonnenschirm zu überleben, er sagt sogar seinen Kindern, sie sollten die Lautstärke der Musikbox drosseln, wenn jemand im Café telefonieren muß (das Telefon hängt unweigerlich über der Musikbox). Der sommerliche Lärmpegel hat sich unmerklich verringert: Sogar die Jungen, die den Motor ihres Mopeds hochjagen und sich auf dem Hinterrad aufbäumen, sind weniger geworden.

Tutte queste categorie che protestano e rivendicano per l'intero anno e, per meglio ribadire, occupano aeroporti, valichi di frontiera, stazioni, autostrade, in agosto incassano mansuetamente qualsiasi sopruso. Chi si indigna per la parcelle del medico accetta senza fare una piega quelle del pizzaiolo che si fa pagare come caviale una «capricciosa» e una birra. O meglio, fa una piega ma tutto finisce lì. Lo sfogo del ferragostano si riduce a un puntiglioso calcolo degli incassi della pizzeria: con la biro sulla tovaglietta di carta comincia a moltiplicare coperti per numero di tavoli, per numero di giorni, per numero di mesi.

Saltano fuori redditi da cardiochirurgo. E file di zeri saltano fuori nei conti fatti in tasca al gelataio di successo, al fruttivendolo che vende quasi al doppio che in città, al negoziante di abbigliamento che tradisce i suoi margini liquidando a metà prezzo gli stessi capi del giorno prima. Sono prezzi per tedeschi col marco pesante, pensa il ferragostano, ci dovrebbe essere un doppio mercato per gli italiani. Lo pensa ma non eccepisce, non vuol farsi il sangue cattivo.

Per lo stesso motivo subisce che certe vecchie istituzioni di spiaggia non esistano più, per esempio le altalene, gli anelli, il campetto per la pallavolo. Non ci sono più perché non rendono, anzi sottraggono spazio alle cose che rendono, cioè gli ombrelloni e le sdraio.

L'industria dell'estate si è montata la testa, elimina tutto ciò che non rende abbastanza, anche se sarebbe un servizio dovuto: per esempio molti mosconi sono all'asciutto, disarmati.

Un bagnino spiega che rappresentano più una seccatura che altro, bisognerebbe tenere un ragazzo che li amministrasse: tolte le spese, il guadagno sarebbe ridotto. Non pensa che potrebbe dare in gestione i mosconi al ragazzo, lasciandogli tutti i soldi. Almeno fornirebbe un servi-

All die verschiedenen Gruppen, die das ganze Jahr über protestieren und Ansprüche anmelden und, um dem Nachdruck zu verleihen, Flugplätze, Grenzübergänge, Bahnhöfe und Autobahnen besetzen, schlucken im August ganz zahm jede Art von Zumutung. Wer sich über Arztrechnungen empört, nimmt ohne mit der Wimper zu zucken die des Pizzabäckers hin, der sich eine Pizza Capricciosa und ein Bier wie Kaviar bezahlen läßt. Oder besser: er zuckt zwar mit der Wimper, aber dabei bleibt es. Die Empörung des Ferragostomenschen beschränkt sich auf eine akribische Berechnung der Einnahmen der Pizzeria: Mit dem Kugelschreiber fängt er an, auf dem Papiertischtuch die Zahl der Gedecke mit der Zahl der Tische und der Zahl der Tage und der Zahl der Monate zu multiplizieren. Es ergeben sich Einnahmen wie die eines Herzchirurgen. Und Reihen von Nullen ergeben sich, wenn man die Einnahmen des erfolgreichen Eisdielenbesitzers ausrechnet oder die des Obsthändlers, der doppelt so teuer verkauft wie in der Stadt, oder die des Textilkaufmanns, der seine Gewinnspanne verrät, indem er die gleichen Kleider wie gestern heute zum halben Preis ausverkauft. Das sind Preise für Deutsche mit der harten Mark, denkt der Ferragostomensch; es müßte einen anderen Markt für die Italiener geben. Er denkt das, aber er macht keine Einwände, er will sich nicht ärgern.

Aus dem gleichen Grund erträgt er, daß es gewisse Strandeinrichtungen von früher nicht mehr gibt, zum Beispiel die Schaukeln, die Ringe und den Volleyballplatz. Es gibt sie nicht mehr, weil sie nichts einbringen, im Gegenteil, sie nehmen Platz weg für Dinge, die etwas einbringen, wie Sonnenschirme und Liegestühle.

Dem Sommertourismus ist der Erfolg zu Kopf gestiegen, alles was nicht genügend einbringt, wird abgeschafft, auch wenn es eine selbstverständliche Dienstleistung wäre. Zum Beispiel stehen viele Ruderboote auf dem Trockenen, ohne Riemen. Ein Bademeister erklärt, daß sie mehr Scherereien als Gewinn bringen, man müßte einen Burschen anstellen, der sich darum kümmert, nach Abzug der Unkosten bliebe nur ein kleiner Gewinn übrig. Er denkt nicht daran, daß er dem Jungen die Boote in eigene Regie übergeben und ihm das ganze Geld

zio ai suoi bagnanti che potrebbero andare a nuotare duecento metri più in là, oltre i brividi urinari di mezzogiorno, le alghe, la paccottiglia che si arrotola nella risacca.

Così il ferragostano aspetta il suo turno per i pochi natanti in funzione; ma se le lancette dell'orologio si avvicinano all'una, il moscone non glielo danno più. I bagnini di salvataggio staccano tutti insieme all'una, issano la bandiera rossa e vanno a mangiare. Nessuno nega un piatto di spaghetti e una bistecca ai bagnini di salvataggio i quali, tuttavia, non sconvolgerebbero il loro metabolismo se andassero a colazione all'una e mezzo o se mangiassero a turno (sarebbe come se i camerieri degli alberghi estivi esigessero le ferie in luglio).

Il ferragostano, naturalmente, ha voglia di mangiare pesce. Per anni sui muri della sua città ha visto i manifesti promozionali sul pesce azzurro: è buono, sano, ricco di proteine e costa poco. Ma il pesce azzurro nelle trattorie di mare è latitante, una grigliata di sarde è una chimera. Perché? Perché la sarda è pesce povero, non costa abbastanza, il margine di guadagno non è sufficiente. E allora anche nel menù della trattoria modesta si trovano solo sogliole, scampi, calamari, frutti di mare: così si può sparare il conto in tutta tranquillità.

Il ferragostano subisce, continua a fare i suoi conti nelle tasche altrui, scopre che qualcuno in quattro mesi guadagna molto di più di lui in un anno, si accorge di pagare le tasse non solo al fisco ma anche a tutti quelli che gli vendono l'estate; eppure non protesta, si è stancato di occupare, se adottasse questa filosofia per tutto l'anno, l'economia giapponese sarebbe travolta.

Bisogna aggiungere che il mite uomo di mezzo agosto è tutto spiaggia e famiglia. Anche la crisi della coppia in questo mese si attenua. Per tutto l'anno cova o divampa il «privato» di cui parlano i giornali,

lassen könnte. Es wäre doch wenigstens eine Dienstleistung für diejenigen seiner Badegäste, die sich zum Schwimmen zweihundert Meter weiter hinaus begeben könnten, jenseits der mittäglichen Blasenentleerungen, der Algen und des Abfalles, der in der Brandung rollt.

So wartet der Ferragostomensch auf eines der wenigen Boote, die in Betrieb sind, bis er an der Reihe ist; wenn aber die Uhrzeiger auf eins zugehen, bekommt er das Boot nicht mehr. Die Bademeister hören allesamt um ein Uhr auf, hissen die rote Sturmfahne und gehen essen. Niemand mißgönnt den rettenden Bademeistern einen Teller Spaghetti und ein Schnitzel. Es würde jedoch ihrem Stoffwechsel nicht schaden, wenn sie um halb zwei oder schichtweise essen würden. So aber ist es, wie wenn das Personal der Ferienhotels im Juli Urlaub nehmen wollte.

Der Ferragostomensch möchte natürlich Fisch essen. Jahrelang hat er an den Hauswänden seiner Stadt die Reklame für den Blaufisch gesehen: Er ist gut, gesund, reich an Proteinen und kostet wenig. Aber der Blaufisch ist in den Gasthäusern am Meer nicht zu finden, auch Sardinen vom Grill bleiben ein Wunschtraum. Warum? Weil die Sardine ein billiger Fisch ist, er ist nicht teuer genug, die Gewinnspanne reicht nicht aus. Und so findet man auch auf der Speisekarte einer bescheidenen Gaststätte nur Seezungen, Scampi, Tintenfische und Meeresfrüchte: So kann man mit ruhigem Gewissen eine gepfefferte Rechnung machen.

Der Ferragostomensch läßt es sich gefallen. Er bleibt dabei, unermüdlich den Verdienst der anderen auszurechnen, er entdeckt, daß jemand in vier Monaten mehr verdient als er in einem Jahr, er bemerkt, daß er nicht nur dem Finanzamt Abgaben zahlt, sondern auch denen, die ihm den Sommer verkaufen; trotzdem protestiert er nicht, er hat keine Lust, sich damit zu befassen; wenn er diese Einstellung das ganze Jahr über hätte, wäre die japanische Wirtschaft geschlagen.

Man muß hinzufügen, daß der sanfte Mensch der August-Mitte ganz Strand und Familie ist. Auch die Ehekrisen lassen in diesem Monat nach. Während des ganzen Jahres schwelt oder lodert das «Private», von dem die Zeitungen berichten. «Fünf-

cinquantenni divisi tra moglie e cassiera, casalinghe di Cinisello divise tra marito e coinquilino. In agosto le famiglie si riuniscono, sigillate in autostrada sotto montagne di valigie, impilate nei letti a castello di una pensione dove la convivenza è difficile ma ha un prezzo conveniente.

zigjähriger zwischen Ehefrau und Kassiererin», «Hausfrau in Cinisello zwischen Ehemann und Wohnungsnachbar». Im August schließen sich die Familien wieder zusammen, eingepfercht im Auto unter Bergen von Koffern, aufgeschichtet in den Etagenbetten der Pension, wo das Zusammenleben zwar schwierig, der Preis jedoch günstig ist.

Ci possone essere diversi motivi che ci rendono schiavi delle vecchie cose. C'è per esempio chi fa un calcolo preciso: ciò che oggi è soltanto *vecchio*, diventa rapidamente *antico* e ciò che quest'anno è fuori moda tornerà strepitosamente alla ribalta fra qualche anno (i figli, per esempio, ci rimproverano d'aver buttato le camicie con le righine, i collettini impiccati, i polsini doppi da «gemelli» che attualmente imperversano). Così succede che tanti non gettano nulla, ma mettono via, come si fa con la conserva di pomodoro, i sottaceti e il nocino.

C'è anche chi è afflitto da una specie di deformazione mentale, la megalomania si irradia dalla sua persona e contagia tutto ciò che le è appartenuto («non butto le vecchie cose perché i posteri potrebbero rimproverarmi»).

Infine c'è chi – senza pensare alla destinazione antiquariato o ad astuti revival e senza neppure sentirsi immortale – non riesce a disfarsi delle vecchie cose per un fatto puramente sentimentale.

Un mio amico ha preferito ricomprare dai figli le biciclettine arrugginite e i pattini a rotelle che loro volevano dare al rottamaio. Preferisce tenerli lui, così come si conservano i filmini dei bambini piccoli.

Anch'io per inclinazione non butterei mai via nulla. Le mie tasche sono piene di pezzi di carta cincischiati, con annotazioni spesso illeggibili, non trovo mai il coraggio di buttarli via, ho sempre l'impressione che contengano qualcosa di fondamentale (anche se al momento non ricordo che cosa).

Continuo a girare questi reperti in altre tasche finché non sono quasi polverizzati e allora me ne libero, ma sempre con un velo di angoscia.

E poi come faccio a buttare il biglietto del mio primo viaggio in America e l'astuccio per occhiali

Drei Zimmer plus Heiligtum

Es kann verschiedene Ursachen geben, die uns zu Sklaven von alten Sachen machen. Da macht zum Beispiel jemand eine genaue Rechnung auf: Was heute nur alt ist, wird sehr bald antik sein, und was dieses Jahr aus der Mode ist, kommt in ein paar Jahren wieder lautstark zur Geltung (die Söhne machen uns zum Beispiel Vorwürfe, weil wir die Nadelstreifenhemden, die Vatermörderkrägen, die doppelten Manschetten für die Manschettenknöpfe, die jetzt sehr gefragt sind, weggeworfen haben). Daher kommt es, daß viele nichts wegwerfen, sondern alles aufheben, wie man es mit dem Tomatenmark, den Mixed Pickles und dem Nußlikör macht.

Manch einer wird auch ereilt von einer Art geistiger Störung. Ein Größenwahn geht von ihm aus und steckt alles an, was ihnen gehört («ich werfe die alten Sachen nicht weg, weil die Nachkommen mir Vorwürfe machen könnten»).

Und schließlich gibt es welche, die nicht an Antiquitäten-Wertzuwachs oder raffiniertes Wiederaufleben denken und sich auch nicht für unsterblich halten, aber es ganz einfach nicht übers Herz bringen, die alten Sachen wegzuwerfen, rein gefühlsmäßig.

Ein Freund von mir hat es vorgezogen, die verrosteten Fahrräder und die Rollschuhe von seinen Kindern zurückzukaufen, die sie dem Schrotthändler geben wollten. Er bewahrt sie lieber selbst auf, so wie man die Schmalfilme der Kinder aus ihren ersten Jahren aufhebt.

Auch ich neige dazu, nie etwas wegzuwerfen. Meine Taschen sind voll von zerknitterten Papierstücken mit oft unleserlichen Notizen, ich finde nie den Mut, sie wegzuwerfen, immer habe ich das Gefühl, daß sie etwas Wesentliches enthalten (auch wenn ich im Augenblick nicht weiß, was).

Ich stecke diese Funde immer wieder in andere Taschen, solange sie nicht direkt zu Staub geworden sind; erst dann befreie ich mich von ihnen, aber immer mit einem Hauch von Beklommenheit.

Und dann: Wie kann ich die Flugkarte meiner ersten Reise nach Amerika wegwerfen, das Etui meiner ersten Brille für

della mia prima presbiopia e il menù di quella cena in un ristorante russo e il ciondolo del mio berretto goliardico e quella gomma da cancellare che ha ancora odore di aula elementare e tremila eccetera? Credo che non si tratti di feticismo: questi oggetti sono come cortocircuiti, accendono sprazzi di emozioni remote, momenti vissuti, disfarsene sarebbe come perdere per strada frammenti di vita.

Ci sono alcune riflessioni che mi trattengono dall'ingigantire questo collezionismo di me stesso. La prima è la più importante: bisogna lasciare che i ricordi si spengano o restino vivi secondo una selezione naturale, indipendentemente dalle cose cui sono legati (se questo tappo di champagne saltò in una occasione veramente memorabile, non ho bisogno del tappo per tenerla a mente; se ho bisogno del tappo significa che non era abbastanza memorabile). Seconda riflessione: le cose sono destinate a sopravviverci e un giorno toccherà ai nostri figli di sgomberarle con mille scrupoli e rimpianti e malinconie. Terza riflessione, pratica: i miei cassetti e le mie stanze non hanno la capienza di mausolei.

Allora cosa faccio? Ogni tanto *degrado* le reliquie, per esempio riempio uno scatolone e lo mando in cantina. Accatastare i ricordi è già un modo per prenderne le distanze: in cantina non sono più sotto agli occhi, sbiadiscono, diventano cianfrusaglia. Ogni tanto mia moglie fa un repulisti, io non lo so, me ne accorgo per caso: vedo che non c'è più quella pila di scatoloni, ma non ricordo più cosa c'era dentro. È un distacco indolore.

Anche quando ero bambino notavo una lenta, ma continua riduzione di quel mucchio di giocattoli che stava in un angolo della mia camera, ma non riuscivo mai ad individuare con precisione gli elementi mancanti e non facevo neppure indagini, lo consideravo
76 un fenomeno ineluttabile.

77 Signore mie, cercate di far qualcosa di simile anche

Weitsichtigkeit, die Speisekarte des Essens damals in einem russischen Restaurant, den Anhänger meiner Studentenmütze, den Radiergummi, der noch nach Schulzimmer riecht und dreitausend andere Sachen? Ich glaube nicht, daß es sich um Fetischismus handelt. Diese Gegenstände sind elektrische Kontakte; sie lassen fernliegende Gefühle aufblitzen, erlebte Augenblicke. Sich ihrer zu entledigen wäre, wie wenn man unterwegs etwas von sich selber verlöre.

Es gibt einige Überlegungen, die mich abhalten, eine auf mich selbst bezogene Sammelwut ins Kraut schießen zu lassen. Die erste ist die wichtigste: Man muß zulassen, daß die Erinnerungen, gemäß einer natürlichen Auslese, erlöschen oder lebendig bleiben, unabhängig von den Gegenständen, mit denen sie verbunden sind (wenn dieser Sektkorken bei einer wirklich unvergeßlichen Gelegenheit knallte, brauche ich den Korken nicht, um sie im Gedächtnis zu behalten; wenn ich den Korken brauche, dann bedeutet dies, daß sie nicht unvergeßlich genug war). Zweite Überlegung: Die Dinge sind dazu bestimmt, uns zu überleben, und eines Tages wird es an unseren Kindern sein, sie mit tausend Bedenken, schmerzlichen Erinnerungen und trüben Gedanken zu beseitigen. Dritte und praktische Überlegung: Meine Schubladen und meine Zimmer haben nicht das Fassungsvermögen eines Mausoleums.

Wie verhalte ich mich also? Ab und zu degradiere ich die Reliquien. Zum Beispiel fülle ich eine große Schachtel damit und schaffe sie in den Keller. Erinnerungen einpacken ist schon eine Art, Abstand zu gewinnen. Im Keller habe ich sie nicht mehr vor Augen, sie verblassen, werden zu Kram. Von Zeit zu Zeit räumt meine Frau auf, ich weiß nichts davon und bemerke es nur zufällig: Ich sehe, daß dieser Stapel von Schachteln verschwunden ist, aber ich erinnere mich nicht mehr an deren Inhalt. Es ist ein Abschied ohne Schmerzen.

Auch als Kind bemerkte ich ein langsames, aber stetiges Abnehmen des Spielzeughaufens in einer Ecke meines Zimmers, aber es gelang mir nie, die fehlenden Teile genau festzustellen; ich forschte nicht einmal nach, ich betrachtete es als ein unabwendbares Geschehen.

Meine Damen, versuchen auch Sie, etwas Ähnliches zu

voi. Smantellate ogni giorno, impercettibilmente, ma inesorabilmente, il museo domestico di vostro marito. A meno che lui non tenga un inventario aggiornato. In questo caso affrontatelo e prospettategli l'opportunità di cambiare casa; tricamere, doppi servizi più sacrario.

bewirken. Demontieren Sie jeden Tag unmerklich, aber unerbittlich, das Hausmuseum Ihres Mannes, sofern er nicht laufend Inventur macht. Sollte er das tun, so treten Sie ihm entgegen und legen ihm die Zweckmäßigkeit eines Wohnungswechsels dar: Drei Zimmer, zwei Bäder – und zusätzlich ein Heiligtum.

Devo anche fare degli esami. Che esami? Oh bella, gli esami. Oggi «gli esami» di cui si parla sono le analisi cliniche. Sono gli «altri» esami che richiedono una specificazione: di maturità, di università, di scuola guida. Ma se si dice esami e basta, tutti capiscono di cosa si tratta. Non faccio che incontrare amici che vanno a far gli esami, o aspettano che lo specialista esamini gli esami.

Dunque devo fare gli esami. Quanti esami? Oh bella, tutti. Il medico ha preso il formulario e l'ha riempito di crocette, già che ci sono facciamo una revisione generale.

Ma la revisione generale l'ho fatta tre mesi fa. Come, dove, perché? Tento di spiegare, ma il medico scuote la testa, si vede che non si fida di esami ordinati da altri.

Quindi devo rifare gli esami. Prendo la mia tessera e vado nella clinica ospedaliera; mi metto in coda; quando dopo un'ora viene il mio turno, consultano i loro registri e mi chiedono: preferisce il 19 aprile o il 24 luglio? Domando: per fare che? Rispondono: per fare questo tipo di esami. Eccepisco che il disturbo ce l'ho adesso e, siccome il medico per prescrivermi la cura vuole aspettare il responso delle analisi, non posso rinviare la cura di sei mesi. Allargano le braccia e chiedono: a chi tocca, dopo il signore? Vado in una clinica privata, conosco un analista. Cortese e un po' imbarazzato mi dice: lei sa, vero, che queste analisi devono essere liquidate direttamente?

Rispondo: perfettamente. Poi guarda il formulario e mi domanda: posso chiederle che disturbi ha? Glielo spiego brevemente. Mi guarda e dice: basterebbero tre analisi, lei ne deve fare ventotto. Lo ringrazio ma gli dico che non posso tornare dal luminare e informarlo: ho fatto solo tre

Generaluntersuchung

Ich muß einige «Prüfungen» machen. Was für Prüfungen? Ganz einfach: «Die Prüfungen». Wenn man heute (in Italien) von «den Prüfungen» spricht, meint man die klinischen Untersuchungen. Die «anderen» Prüfungen muß man erläutern: Reifeprüfung, Universitätsprüfung, Fahrprüfung. Wenn man einfach «Prüfungen» sagt, verstehen alle, worum es geht. Ich treffe andauernd Freunde, die zu «Prüfungen» gehen oder warten, daß der Labor-Arzt die «Prüfungen» prüft.

Also, ich muß mich den «Prüfungen» unterziehen. Wie vielen? Ganz einfach: allen. Der Arzt hat das Formular genommen, hat es mit Kreuzchen gefüllt; wenn wir schon dabei sind, machen wir eine Generaluntersuchung. Aber ich habe die Generaluntersuchung vor drei Monaten gemacht. Wieso, wo, warum? Ich versuche zu erklären, aber der Arzt schüttelt den Kopf, offensichtlich hat er kein Vertrauen zu Untersuchungen, die von anderen verordnet werden.

Also muß ich die Untersuchungen wiederholen. Ich nehme meinen Krankenschein und fahre zum Krankenhaus; ich stelle mich an; wenn ich nach einer Stunde an der Reihe bin, schlagen sie in ihrem Terminkalender nach und fragen mich: Ziehen Sie den 19. April oder den 24. Juli vor? Ich frage: Um was zu tun? Sie antworten: Um die und die Untersuchungen machen zu lassen. Ich wende ein, daß ich die Beschwerden jetzt habe und die Behandlung nicht um ein halbes Jahr verschieben kann, da mein Arzt erst das Labor-Ergebnis abwarten will, ehe er die Therapie verordnet. Sie breiten die Arme aus und fragen: Wer ist nach dem Herrn an der Reihe? Ich gehe in eine Privatklinik, ich kenne dort einen Laborarzt. Höflich und etwas verlegen sagt er mir: Sie wissen sicher, daß solche Untersuchungen sofort beglichen werden müssen? Ich antworte: Gewiß. Dann schaut er das Formular an und fragt: Darf ich erfahren, was Sie für Beschwerden haben? Ich erkläre sie ihm kurz. Er schaut mich an und sagt: Drei Untersuchungen würden genügen – und Sie sollen achtundzwanzig machen? Ich bedanke mich, füge aber hinzu, daß ich unmöglich zu dem berühmten Professor zurückkehren und ihm mitteilen kann: Ich habe nur drei Unter-

esami perché gli altri venticinque mi sembravano superflui.

E così faccio (e pago) i miei ventotto esami. Sono uno dei cinquantasette milioni di italiani che, statisticamente, fanno almeno due esami all'anno. Oltre cento milioni di analisi per le quali spendiamo milleseicento miliardi. Un'indagine di un gruppo di studio dell'università Bocconi di Milano ha accertato quanto segue: secondo i primari d'ospedale, sono utili a fini diagnostici solo il 70 per cento degli esami da essi ordinati. Secondo gli specialisti di laboratorio degli stessi ospedali, invece, è vero il contrario: il 70 per cento delle analisi sono del tutto inutili. Mettiamo che i primi pecchino per difetto e i secondi per eccesso e concludiamo che almeno il 50 per cento degli esami sono superflui e che quindi buttiamo via ottocento miliardi all'anno (e un tempo certo più prezioso di questo denaro).

È l'ennesimo dei tanti controsensi che fanno di questo Paese «il controsenso» in assoluto: alla base di tutto c'è il curioso capovolgimento di un criterio logico secondo il quale il medico dovrebbe fare una visita, stabilire la diagnosi e prescrivere determinate analisi «a riprova» del suo intuito. Invece succede che molti medici prescrivono decine di analisi per farsi un'idea dei nostri disturbi: non fanno la visita a noi, la fanno alle analisi.

Quando porto la macchina dal meccanico, gli dico: secondo me ha le candele sporche o le puntine da cambiare.

Non gli dico: ho l'impressione che qualcosa in questa macchina non funzioni, me la smonti tutta, compreso il differenziale, i cuscinetti a sfere delle ruote, il divano posteriore e i posacenere.

Forse se i medici che ci visitano ci ponessero delle domande intelligenti e ci lasciassero un po' parlare, non avrebbero bisogno di queste carrettate di esami. L'esame lo farebbero a noi, magari scoprirebbero che

suchungen gemacht, weil mir die anderen fünfundzwanzig überflüssig erschienen.

So mache und bezahle ich meine achtundzwanzig Untersuchungen. Ich bin einer von siebenundfünfzig Millionen Italienern, die, laut Statistik, mindestens zwei Untersuchungen pro Jahr durchführen lassen. Mehr als hundert Millionen Untersuchungen, für die wir tausendsechshundert Milliarden ausgeben. Die Umfrage einer Arbeitsgruppe der Bocconi-Universität in Mailand hat folgendes ergeben: Nach Meinung der Chefärzte sind zum Zweck der Diagnose nur 70 Prozent der von ihnen angeordneten Untersuchungen nötig. Nach Meinung der Laborfachärzte derselben Krankenhäuser ist jedoch das Gegenteil richtig: 70 Prozent der Untersuchungen sind vollkommen unnötig. Nehmen wir an, daß die ersten zu niedrig und die zweiten zu hoch schätzen, so folgern wir, daß wenigstens 50 Prozent der Untersuchungen überflüssig sind, daß wir also achthundert Milliarden pro Jahr vergeuden (und Zeit, die sicher noch kostbarer ist als dieses Geld).

Das ist nur eine von vielen Widersprüchlichkeiten, die Italien zum Land der Widersprüche schlechthin machen. Zuallererst wird eine vernünftige Regel auf den Kopf gestellt, nämlich die, daß der Arzt untersuchen, diagnostizieren und dann bestimmte Laboruntersuchungen anordnen sollte, die seinen ersten Eindruck auf die Probe stellen. Es läuft jedoch so ab, daß viele Ärzte -zig Untersuchungen anordnen, um sich ein Bild von unseren Beschwerden zu machen: Sie untersuchen nicht uns, sondern die Untersuchungen.

Wenn ich das Auto zum Mechaniker bringe, sage ich: Meiner Meinung nach sind die Zündkerzen verrußt oder die Kontakte müssen ausgewechselt werden. Ich sage nicht zu ihm: Ich habe den Eindruck, daß etwas in diesem Auto nicht in Ordnung ist; nehmen Sie es ganz auseinander, einschließlich des Differentials, der Kugellager, des Rücksitzes und der Aschenbecher.

Wenn die Ärzte, die uns untersuchen, vielleicht intelligente Fragen stellen und uns ein wenig reden lassen würden, bräuchten sie nicht diese massenhaften Untersuchungen. Sie könnten uns selbst untersuchen, vielleicht würden sie herausfinden,

quel fastidio allo stomaco dipende dalla scenata che ci ha fatto nostra moglie o il capufficio e quindi non c'è bisogno di azotemia, trigliceridomia, velocità di sedimentazione e magari anche di una radiografia del cervello.

Ma tramontato il medico di famiglia che ci faceva venire l'urto del vomito premendoci il cucchiaio sulla lingua e sapeva tutto di noi, dei genitori e dei nonni, come si fa a parlare pacatamente dei propri guai con uno specialista che ha l'ambulatorio pieno e dovrà vuotarlo prima di cena? Ogni tanto sento dire: ho cambiato medico perché quello che avevo prima mi faceva perdere ore di anticamera. Bel colpo: adesso te la cavi con una visita di cinquantadue secondi e tre quinti e poi perderai ore e giorni per la curva del glucosio, la lipemia, l'emocromo, la colesterolomia e le lipoproteine.

La verità è che se non ci autoregolamentiamo come pazienti, se non accettiamo di rinviare una visita quando non è urgente, se non ci persuadiamo che è meglio sfollare una sala d'aspetto che straripa, finiamo per dar ragione al medico che ci scarica al laboratorio di analisi.

Impariamo a scegliere il medico che ci interroga, poi ci dice si spogli, ci palpa, ci fa dire trentatré, ma diamogli anche la possibilità di fare il suo mestiere con un po' di scrupolo. Se no, fra poco, gli ambulatori si ridurranno a uno sportello dove si ritirano moduli, si riportano compilati e si aspetta la diagnosi per posta.

daß die Magenbeschwerden die Folge einer Auseinandersetzung mit der Ehefrau oder dem Chef sind, und dann bedürfte es keiner Azotämie, keines Triglyzeridomie, keiner Blutsenkung und auch keines Elektroenkephalogramms.

Verschwunden ist der Hausarzt, der Brechreiz verursachte, wenn er einem den Löffel auf die Zunge drückte, und alles über uns, die Eltern und die Großeltern wußte; wie kann man ruhig über seine Wehwehchen mit einem Facharzt sprechen, der ein volles Wartezimmer hat, das vor dem Abendessen leer werden muß? Immer wieder höre ich sagen: Ich habe den Arzt gewechselt, weil ich bei dem, den ich vorher hatte, viele Stunden im Wartezimmer verlor. Trefflich gesagt! Jetzt kommst du mit einer Konsultation von zweiundfünfzigdreifünftel Sekunden weg, und danach wirst du Stunden und Tage verlieren für Glukosewerte, Lipämie, Hämochrom, Cholesterinämie und Lipoproteine.

Eins ist sicher: Wenn wir uns als Patienten nicht selbst Regeln aufstellen, wenn wir nicht einsehen, daß man eine nicht ganz so dringende Untersuchung auch verschieben kann, wenn wir uns nicht klarmachen, daß es besser ist, vor einem gesteckt vollen Wartezimmer kehrtzumachen, geben wir schließlich dem Arzt recht, der uns zum Untersuchungslabor weiterschiebt.

Lernen wir, den Arzt auszuwählen, der Fragen stellt, der sagt «Machen Sie den Oberkörper frei», der uns abklopft und tief einatmen läßt! Aber geben wir ihm auch die Möglichkeit, seinen Beruf mit einiger Sorgfalt auszuüben! Sonst werden bald die Arztpraxen aus Schaltern bestehen, wo man Formulare abholt und ausgefüllt abliefert, um dann auf die Diagnose zu warten, die per Post kommt.

Ormai al posto di dogana li conoscono: l'assetto della macchina è impennato, il baule striscia quasi per terra, spesso c'è pure il rimorchietto. Niente da dichiarare? Tutto. Costate di manzo, pollame già spennato, vino, contenitore di plastica con le dodici minerali gassate, zucchero, uova, confezioni di spaghetti e maccheroni, carta igienica, cassetta di mele, bustine del caffè, spicchio di grana, latte a lunga conservazione, flan di spinaci solo da riscaldare. Sono i lombardi, gli emiliani, i liguri che vanno a fare weekend a casa loro in Svizzera.

Hanno comprato il bicamere o la mansardina dieci anni fa, quando il franco svizzero costava centocinquanta lire: a parità di prezzo a metro quadro era più sconvolgente aver casa a Saint Moritz che al Sestriere. Se al Sestriere c'era Agnelli con l'elicottero che gli evitava le code, a Saint Moritz c'erano Niarchos, Livanos, l'Aga Khan, lo Scià i quali non avevano neppur bisogno dell'elicottero in quanto ciascuno aveva il suo pendio e il suo ski-lift privati. È umano sentirsi sempre un po' coinvolti nelle leggende limitrofe. E poi «andare a casa», ma con passaporto e carta verde, era sempre un bel colpo.

Son passati dieci anni, il franco è andato a cinquecento lire, la mansardina è diventata un diamante del Transvaal, ma soggiornarci nel ponte di Sant'Ambrogio, anche facendo tutti i pasti in casa, costa come una crociera ai Caraibi.

Mentre gli svizzeri vengono in Italia per comprare ormai anche la cioccolata svizzera, l'idea di pagare nei negozi di Saint Moritz 3000 lire una bottiglia di minerale ha fatto andar giù di testa gli italiani con settanta metri quadrati oltre frontiera. Non è per i soldi, si capisce, ma per principio. Ed è sempre per principio e per onor di famiglia che non si è rinunciato anche quest'anno al ponte di Sant'Ambrogio.

Leergut

Am Zoll kennt man sie schon: Das Auto steht vorne hoch, der Kofferraum streift fast den Boden, oft ist auch ein kleiner Anhänger dabei. Nichts zu verzollen? Doch, alles! Rumpsteaks, gerupfte Hühner, Wein, Plastikkästen mit zwölf Flaschen Mineralwasser, Zucker, Eier, Pakete mit Spaghetti und Maccheroni, Klopapier, eine Kiste Äpfel, Kaffeebeutel, ein Stück Parmesankäse, H-Milch, Spinat, den man nur noch aufwärmen muß. Es sind die Leute aus der Lombardei, aus Emilien und aus Ligurien, die das Wochenende in ihren Häusern in der Schweiz verbringen wollen.

Sie haben zwei Zimmer oder eine Mansarde vor zehn Jahren gekauft, als der schweizer Franken 150 Lire kostete. Fürs gleiche Geld pro Quadratmeter war es viel umwerfender, einen Wohnsitz in Sankt Moritz zu haben als in Sestriere. War in Sestriere Agnelli mit dem Hubschrauber, der ihm das Schlangestehen ersparte, so waren in Sankt Moritz Niarchos, Livanos, Aga Khan und der Schah, die nicht einmal einen Hubschrauber brauchten, da jeder seinen privaten Hang und seinen eigenen Skilift besaß. Es ist menschlich, daß man sich im Abglanz der Berühmtheiten ein wenig sonnen will. Und dann «nach Hause fahren», aber mit Paß und grüner Versicherungskarte, machte immer Eindruck.

Inzwischen sind zehn Jahre vergangen, der schweizer Franken ist auf fünfhundert Lire gestiegen, die Mansarde hat den Wert eines Transvaal-Diamanten, aber der Aufenthalt während des verlängerten Wochenendes von Sant'Ambrogio (7. Dezember), auch wenn man alle Mahlzeiten zu Hause kocht, kostet so viel wie eine Kreuzfahrt in der Karibik.

Während die Schweizer jetzt nach Italien fahren, um dort sogar schweizer Schokolade zu kaufen, hat die Zumutung, in Sankt Moritz für eine Flasche Mineralwasser 3000 Lire zu zahlen, den Italienern, die drüben siebzig Quadratmeter besitzen, einen Schlag ins Genick versetzt. Nicht wegen des Geldes, versteht sich, sondern wegen des Prinzips. Aber wiederum aus Prinzip und wegen der Familienehre hat man auch heuer nicht auf das Wochenende von Sant'Ambrogio verzichtet.

Così la sopravvivenza di tre giorni a Saint Moritz è stata programmata come una traversata atlantica su un diecimetri a vela: tanto di carboidrati, di proteine, di zuccheri, di sali minerali.

Si stiva il baule, si mette la bombola di gas per i fornelli sul portapacchi, si citofona alla moglie: ti sei dimenticata l'aceto, il rosmarino e il peperoncino rosso. Appena si arriva, si cacciano dieci chili di pane nel freezer.

Sul posto non si compra niente, neanche il giornale, perché costa settecento lire. Sempre per principio. Invece sul posto bisogna fare l'abbonamento agli impianti. Un giornaliero per ski-lift e funivie costa quasi come un Alitalia Milano-Roma, altro che serpente monetario. Però non è obbligatorio sciare. Cartoline agli amici niente, perché le poste confederali non accettano francobolli italiani. L'ideale sarebbero tre giorni in apnea. Però Saint Moritz è sempre Saint Moritz.

Oggi pomeriggio cominciano i rientri degli emigranti di Saint Moritz. Nei bauli svuotati dai viveri, tintinnano sempre le bottiglie di minerale, perché i vuoti sono a rendere.

So wurde, um die drei Tage in Sankt Moritz durchzustehen, eine Planung gemacht wie für eine Atlantiküberquerung auf einem Zehnmetersegler: So und so viele Kohlehydrate, Proteine, Zucker und Mineralsalze. Man stopft den Kofferraum voll, die Flasche für den Gaskocher befestigt man auf dem Dachständer, der Frau sagt man über die Sprechanlage: Du hast den Essig, den Rosmarin und den roten Paprika vergessen. Sobald man angekommen ist, schmeißt man zehn Kilo Brot in das Gefrierfach.

An Ort und Stelle kauft man nichts, nicht einmal die Zeitung, weil sie siebenhundert Lire kostet. Immer aus Prinzip. An Ort und Stelle muß man jedoch das Abonnement für die Sporteinrichtungen nehmen. Eine Tageskarte für Skilift und Seilbahn kostet fast ebensoviel wie einmal Mailand-Rom mit der Alitalia, von wegen der Währungsschlange. Aber man muß ja nicht Ski fahren. Keine Postkarten an die Freunde, weil die eidgenössische Post keine italienischen Briefmarken annimmt. Am allerbesten wäre es, drei Tage keine Luft zu holen. Aber Sankt Moritz bleibt Sankt Moritz.

Heute nachmittag beginnt die Rückkehr der Emigranten. In den Kofferräumen, aus denen die Lebensmittel ausgeräumt sind, scheppern immerhin noch die Mineralwasserflaschen, weil man das Leergut zurückgeben kann.

In der Reihe dtv zweisprachig sind außer dem vorliegenden Band die folgenden Taschenbücher in der Konstellation italienisch-deutsch erschienen:

Dino Buzzati: Lascia o Raddoppia / Aufgeben oder verdoppeln. Erzählungen. – dtv 9102

Giovanni Guareschi: Un poco di Don Camillo, un poco di Peppone / Ein bißchen Don Camillo, ein bißchen Peppone. Erzählungen. – dtv 9198

Luigi Pirandello: Una Giornata / Wie ein Tag. Fünf Erzählungen. – dtv 9010

Racconti Italiani Moderni / Moderne italienische Erzählungen. Marotta, Pavese, Buzzati, Arpino, Moravia, Calvino. – dtv 9049

Amore all'italiana / Italienische Liebesgeschichten. Berto, Bigiaretti, Cassola, Céspedes, Moravia, Pratolini, Quintavalle, Soldati. – dtv 9225

Fiabe Siciliane / Sizilianische Märchen. Aus der Sammlung von Italo Calvino. Illustriert. – dtv 9036

Fioretti di San Francesco / Blümlein vom heiligen Franziskus. Illustriert. – dtv 9207

Proverbi Italiani / Italienische Sprichwörter. Illustriert. – dtv 9144

Auf den folgenden Seiten sind mehrere Bücher der Reihe dtv zweisprachig in anderen Sprach-Konstellationen angezeigt. Ein vollständiges Verzeichnis der Reihe ist erhältlich beim Deutschen Taschenbuch Verlag, Postfach 40 04 22, 8000 München 40.

englisch-deutsch

Ambrose Bierce: From the Devil's Dictionary / Aus dem Wörterbuch des Teufels. – dtv 9183

Agatha Christie: Hercule Poirot, Miss Marple and... (3 Whodunits) / Hercule Poirot, Miss Marple und ... (3 Fälle). – dtv 9118

Joseph Conrad: The Secret Sharer / Der heimliche Teilhaber. Erzählung. – dtv 9001

Charles Dickens: A Christmas Carol in Prose, being a Ghost Story of Christmas / Weihnachtslied in Prosa – eine weihnachtliche Geistergeschichte. Illustriert. – dtv 9220

Lord Dunsany: An Enemy of Scotland Yard and other Whodunits / Ein Feind vom Scotland Yard und andere Kurzkrimis. – dtv 9216

Ernest Hemingway: Fathers and Sons. Short stories / Väter und Söhne. Kurzgeschichten. – dtv 9171

Walter Scott: The Two Drovers / Die beiden Viehtreiber. Erzählung. Illustriert. – dtv 9212

Robert L. Stevenson: The Strange Case of Dr. Jekyll and Mr. Hyde / Der seltsame Fall des Dr. Jekyll und Mr. Hyde. Erzählung. – dtv 9200

J. R. R. Tolkien: Farmer Giles of Ham / Die Geschichte vom Bauern Giles und dem Drachen. Illustriert. – dtv 9073

Oscar Wilde: The Canterville Ghost / Das Gespenst von Canterville. Illustriert. – dtv 9110

American Short Stories (1) / Amerikanische Kurzgeschichten (1). Anderson, Wilder, Saroyan, Steinbeck, Caldwell, Faulkner, Thurber. – dtv 9003

American Short Stories (2) / Amerikanische Kurzgeschichten (2). Harte, London, Hawthorne, Poe, Melville, Mark Twain. – dtv 9006

American Short Stories (3) / Amerikanische Kurzgeschichten (3). Berriault, Bradbury, Capote, Jackson, McCarthy, McCullers, McKinley, Warren. – dtv 9222

English Short Stories (1) / Moderne englische Kurzgeschichten (1). Saki, Woolf, Maugham, Huxley, Waugh, Pritchett. – dtv 9022

English Short Stories (2) / Englische Kurzgeschichten (2). Baron, Barstow, Bates, Du Maurier, Lessing, Monsarrat, Wain, Wilson. – dtv 9206

22 Short Shorts / 22 kurze Kurzgeschichten. Bates, Benson, Broun, Brush, Cary, Collier, Farmer, Galsworthy, Gibbs, Greene, Hemingway, Joyce, Kersh, Lessing, Maugham, O'Hara, Sansom, Slesar, Taylor, Updike, Warner, Wolfe. – dtv 9208

Detective Stories / Englische Kriminalgeschichten. Wallace, Christie, Sayers. – dtv 9029

Galactic Gallery / Science-Fiction-Erzählungen. Aldiss, Asimov, Bradbury, Brown, Clarke, Jordan, Kersh, Leiber, Riley, Sheckley, Walton. – dtv 9193

Love Stories / Amerikanische Liebesgeschichten. Callaghan, Campbell, Fitzgerald, Hemingway, McCullers, Oates, Shaw, Wouk. – dtv 9190

English Fairy Tales / Englische Märchen. Illustriert. – dtv 9008

Jack the Giant Killer and other English Fairy Tales / Jack der Riesentöter und andere englische Märchen. Illustriert. – dtv 9211

Tales from the Highlands / Geschichten aus dem schottischen Hochland. Mitgeteilt von Fitzroy Maclean. Illustriert. – dtv 9202

französisch-deutsch

Charles Baudelaire: Vingt Poèmes en Prose / Zwanzig Gedichte in Prosa. – dtv 9083

Albert Camus: Les Muets. L'Hôte / Die Stummen. Der Gast. Erzählungen. – dtv 9105

Guy de Maupassant: Nouvelles Choisies / Ausgewählte Novellen. – dtv 9016

André Maurois: Fleurs de Saison / Blumen der Jahreszeit. Erzählungen. – dtv 9113

Blaise Pascal: Le Cœur et ses Raisons. Pensées / Logik des Herzens. Pensées. – dtv 9169

Charles Perrault: Le Chat Botté et les autres Contes de Fées / Der gestiefelte Kater und die anderen Märchen. Illustriert. – dtv 9196

Antoine de Saint-Exupéry: Le Désert. Les Camarades / Die Wüste. Die Kameraden. Aus «Terre des Hommes». – dtv 9103

Georges Simenon: Maigret et l'Inspecteur Malgracieux / Maigret und der brummige Inspektor. – Kriminalnovelle. – dtv 9014

Voltaire: 20 Articles du Dictionnaire Philosophique Portatif / 20 Artikel aus dem Philosophischen Taschenwörterbuch. – dtv 9213

Émile Zola: Comment on se marie et Comment on meurt / Wie man heiratet und wie man stirbt. Soziale Reportagen. – dtv 9090

Nouvelles Exemplaires / Französische Meister-Erzählungen. Balzac, Daudet, Flaubert, France, Maupassant, Stendhal, Zola. – dtv 9192

Choix de Nouvelles Contemporaines / Zeitgenössische französische Erzählungen. Dorgelès, Maurois, Giono, Cocteau, Supervielle, Arland, Cesbron, Fougère. – dtv 9038

Parler d'Amour / Französische Liebesgeschichten. Balzac, Chateaubriand, Stendhal, Verlaine, Mallarmé, Daudet, Maupassant, Zola, France. – dtv 9209

L'Amour? Parlons-en . . . / Moderne französische Liebesgeschichten. Aragon, Berry, Cocteau, Colette, Dorgelès, Giono, Giraudoux, Guitry, Mauriac, Maurois, Philipe, Prévert, Ramuz, Rochefort, Vian. – dtv 9218

Poèmes français / Französische Gedichte. – dtv 9182

Proverbes français / Französische Sprichwörter. Illustriert. – dtv 9161

Rire et Sourire / Französische Witze. – dtv 9060

spanisch-deutsch

José Ortega y Gasset: Miseria y esplendor de la traducción / Elend und Glanz der Übersetzung. – dtv 9123

Autores españoles. La generación del 98 / Spanische Autoren. Die 98er Generation. Unamuno, Baroja, Machado, «Azorin», Valle-Inclán, Maeztu. – dtv 9140

Narradores de la España contemporánea / Moderne Erzähler in Spanien. Aldecoa, Cela, Delibes, Fernández Santos, Ferrer-Vidal Turull, Fraile, Garciá Pavón, Laforet, Matute, Zamora Vicente. – dtv 9085

Narradores españoles fuera de España / Spanische Erzähler im Exil. Aub, Andújar, Ayala, Barea, Ruiz, Sender. – dtv 9077

Narradores argentinos / Argentinische Kurzgeschichten. Borges, Di Benedetto, Bioy Casares, Denevi, Gallardo, Lainez, Ocampo. dtv 9168

Cuentos populares españoles / Spanische Volksmärchen. Illustriert. – dtv 9204

Refranero español / Spanische Sprichwörter. Illustriert. – dtv 9106

russisch-deutsch

Fjodor M. Dostojewskij: Drei Erzählungen. – dtv 9054

Alexander S. Puschkin: Der Postmeister. Der Schuß. Der Schneesturm. Erzählungen. – dtv 9104

Alexej N. Tolstoj: Nikita Roschtschins unerhörtes Abenteuer. Erzählung. – dtv 9217

Anton Tschechow: Lustige Geschichten. Illustriert. – dtv 9191

Russische Meistererzählungen. Puschkin, Gogol, Turgenjew, Dostojewskij, Tolstoj, Lesskow, Tschechow, Gorki. – dtv 9201

Russische Volksmärchen. Illustriert. – dtv 9153

lateinisch-deutsch

Cicero: Cato maior de senectute / Cato über das Alter. – dtv 9186

Ovid: Metamorphoses / Verwandlungen. Eine Auswahl. – dtv 9180

Petronius: Cena Trimalchionis / Gastmahl bei Trimalchio. – dtv 9148

Plinius der Jüngere: Epistulae / Briefe. – dtv 9194

Seneca: De brevitate vitae / Die Kürze des Lebens. – dtv 9111

Tacitus: Germania / Bericht über Germanien. – dtv 9101